Grimms Märchen tiefenpsychologisch gedeutet

Eugen Drewermann / Ingritt Neuhaus

Der goldene Vogel

Märchen Nr. 57 aus der Grimmschen Sammlung

Walter-Verlag Olten und Freiburg im Breisgau

Der Text des Märchens ist in der Fassung der Grimmschen
«Kinder- und Hausmärchen» von 1857 wiedergegeben.

Handgeschriebener Text und Batikbilder stammen von Ingritt Neuhaus,
die tiefenpsychologische Deutung von Eugen Drewermann.

7. Auflage 1989

Alle Rechte vorbehalten
© Walter-Verlag AG Olten, 1982
Gesamtherstellung in den grafischen Betrieben
des Walter-Verlags
Printed in Switzerland

ISBN 3-530-16861-0

Märchen sind eher Erzählungen für Erwachsene als für Kinder. Was sie zu sagen haben, entstammt zum überwiegenden Teil einer Bilderwelt und Weisheit, der man bereits in den Mythen des Altertums und in den Erzählungen der Naturvölker begegnet. Erst mit dem Absterben der alten Religion sind sie zu Geschichten herabgesunken, die man nur noch Kindern erzählt. Ihr Inhalt und ihre Symbolsprache indessen beschreiben und deuten auch dann noch – wie im Stadium mythischer Überlieferung – menschliches Schicksal nach dem Vorbild der großen Gegensätze und Bewegungen der äußeren Natur. Religionsgeschichte, Naturmythologie und Theologie eröffnen daher im Grunde die ersten Wege zum Verständnis zahlreicher Märchentexte.

Doch obwohl ursprünglich an Erwachsene gerichtet, sind die Märchen, diese Überreste aus den Kindertagen der Menschheit, dem Verständnis von Kindern eigentümlich verwandt. Ihre Sprache ist die Sprache der Träume, ihre Symbolik fußt in der archetypischen Bilderwelt des Unbewußten, und so bedarf es einer Art kindlichen Nachträumens, einer neuen Unmittelbarkeit der Einfühlung und des Erlebens, um als Erwachsener die Märchen zu verstehen. Die wissenschaftliche Anleitung dazu bietet die Tiefenpsychologie. Man muß wohl zunächst wissen, welche Mächte und Gestalten der äußeren Natur die Märchen im Erbe der Mythen symbolisieren und welch eine Bedeutung sie ihnen verleihen; aber im Grunde sprechen die Märchen von Gegensätzen und

Vorwort

Konflikten der menschlichen Psyche. Sie beschreiben in zeitlosen Bildern den mühsamen Weg, den es kostet, von einem Kind zu einem Erwachsenen zu werden; sie schildern die Belastungen und Schwierigkeiten, die jemand aus den Eindrücken seiner Kindheit ins Leben mitnimmt und in irgendeiner Weise überwinden muß; sie zeigen, wie das Ich eines Erwachsenen sich aus seiner seelischen Einseitigkeit und Starre lösen und zu sich selbst hinfinden kann; und in all dem vermitteln sie den Mut, trotz aller Angst und Schuldgefühle an die Berechtigung des eigenen Lebens zu glauben und bedingungslos der Wahrheit des eigenen Herzens zu folgen. So sind die Märchen in sich selbst Wegweiser und Richtmarken des Unbewußten; sie sind daher ein bevorzugter Gegenstand auch tiefenpsychologischer Interpretationsverfahren.

Von den beiden großen tiefenpsychologischen Schulen S. Freuds und C. G. Jungs wird man bei der Deutung eines Märchens wechselnd der einen oder der anderen den Vorzug geben, je nachdem, zu welchem Zeitpunkt der seelischen Entwicklung die Problemstellung der Erzählung einsetzt. Wie es in der Psychotherapie der ersten Lebenshälfte sich bewährt, die objektale, reduktive Deutungsmethode Freuds anzuwenden, so wird man bei Märchen, die mit der Entwicklungsgeschichte eines Kindes beginnen, zumeist in Vater und Mutter, Sohn und Tochter, Schwester und Bruder, Jungfrau und Drachen die Verkör-

perung realer Gestalten erblicken und in den einzelnen Symbolen nach den verdrängten Triebwünschen suchen, die sich in ihnen verhüllt und verstellt aussprechen. Vor allem erlaubt und erfordert die objektale Betrachtungsweise eine genaue Beobachtung der Gefühle, die zwischen den handelnden Personen bestehen, und es wird jeweils die Frage sein müssen, was die einzelnen Handlungen und Tatbestände für die Akteure des Märchens selbst bedeuten. Bei denjenigen Märchen hingegen, die bereits zu Beginn oder im Verlauf der Handlung das Schicksal eines erwachsenen Lebens reflektieren, wird man, ähnlich wie in der Psychotherapie der zweiten Lebenshälfte, bevorzugt die subjektale Deutung Jungs zur Geltung kommen lassen, bei der alle Personen, Gegenstände und Geschehnisse des Märchens Teile, Kräfte und Vorgänge in ein und derselben Psyche darstellen. Indem Jung in den Symbolen der Märchen, Mythen und Träume nicht so sehr Verstellungen der eigentlichen Triebwünsche sah, sondern archetypisch vorgeprägte Ausdrucksgestalten einer nur symbolisch aussagbaren Wirklichkeit, fand er zu einer Betrachtung zurück, die in den Märchen selbst, wie in den Mythen, aus denen sie stammen, den Niederschlag von Einsichten letztlich religiöser Dimension und Wahrheit erkennt. Dieser Einstellung sind die Interpretationen der Märchen dieser Reihe, wenngleich mit wechselnden Akzenten und natürlich ohne dogmatische Starre, in Bild und Text am meisten verpflichtet.

Eugen Drewermann

Der goldene Vogel

Es war vor Zeiten ein König, der hatte einen schönen Lustgarten hinter seinem Schloß, darin stand ein Baum, der goldene Äpfel trug. Als die Äpfel reiften, wurden sie gezählt, aber gleich den nächsten Morgen fehlte einer. Das ward dem König gemeldet, und er befahl, daß alle Nächte unter dem Baume Wache sollte gehalten werden. Der König hatte drei Söhne, davon schickte er den ältesten bei einbrechender Nacht in den Garten — wie es aber Mitternacht war, konnte er sich des Schlafes nicht erwehren, und am nächsten Morgen fehlte wieder ein Apfel. In der folgenden Nacht mußte der zweite Sohn wachen, aber dem erging es nicht besser — als es zwölf Uhr geschlagen hatte, schlief er ein, und morgens fehlte ein Apfel. Jetzt kam die Reihe zu wachen an den dritten Sohn, der war auch bereit, aber der König traute ihm nicht viel zu und meinte, er würde noch weniger ausrichten als seine Brüder; endlich aber gestattete er es doch. Der Jüngling legte sich also unter den Baum, wachte und ließ den Schlaf nicht Herr werden. Als es zwölf schlug, so rauschte etwas durch die Luft, und er sah im Mondschein einen Vogel daherfliegen, dessen Gefieder ganz von Gold glänzte. Der Vogel ließ sich auf dem Baum nieder und hatte eben einen Apfel abgepickt, als der Jüngling einen Pfeil nach ihm abschoß. Der

Vogel entflog, aber der Pfeil hatte sein Gefieder getroffen, und eine seiner goldenen Federn fiel herab. Der Jüngling hob sie auf, brachte sie am andern Morgen dem König und erzählte ihm, was er in der Nacht gesehen hatte. Der König versammelte seinen Rat, und jedermann erklärte, eine Feder wie diese sei mehr wert als das gesamte Königreich. „Ist die Feder so kostbar," erklärte der König, „so hilft mir auch die eine nichts, sondern ich will und muß den ganzen Vogel haben."

Der älteste Sohn machte sich auf den Weg, verließ sich auf seine Klugheit und meinte, den goldenen Vogel schon zu finden. Wie er eine Strecke gegangen war, sah er an dem Rande eines Waldes einen Fuchs sitzen, legte seine Flinte an und zielte auf ihn. Der Fuchs rief: „Schieß mich nicht, ich will dir dafür einen guten Rat geben. Du bist auf dem Weg nach dem goldenen Vogel und wirst heute abend in ein Dorf kommen, wo zwei Wirtshäuser einander gegenüberstehen. Eins ist hell erleuchtet, und es geht darin lustig her — da kehr aber nicht ein, sondern geh ins andere, wenn es dich auch schlecht ansieht." — Wie kann mir wohl so ein albernes Tier einen vernünftigen Rat erteilen! dachte der Königssohn und drückte los, aber er fehlte den Fuchs, der den Schwanz streckte und schnell in den Wald lief. Darauf setzte er seinen

Weg fort und kam abends in das Dorf, wo die beiden Wirtshäuser standen. In dem einen ward gesungen und gesprungen, das andre hatte ein armseliges betrübtes Ansehen. Ich wäre wohl ein Narr, dachte er, wenn ich in das lumpige Wirtshaus ginge und das schöne liegen ließ. Also ging er in das lustige ein, lebte da in Saus und Braus und vergaß den Vogel, seinen Vater und alle guten Lehren.

Als die Zeit verstrichen und der älteste Sohn immer und immer nicht nach Haus gekommen war, so machte sich der zweite auf den Weg und wollte den goldenen Vogel suchen. Wie dem ältesten begegnete ihm der Fuchs und gab ihm den guten Rat, den er nicht achtete. Er kam zu den beiden Wirtshäusern, wo sein Bruder am Fenster des einen stand, aus dem der Jubel erschallte, und ihn anrief. Er konnte nicht widerstehen, ging hinein und lebte nur seinen Lüsten.

Wiederum verstrich eine Zeit, da wollte der jüngste Königssohn ausziehen und sein Heil versuchen, der Vater aber wollte es nicht zulassen. „Es ist vergeblich," sprach er, „der wird den goldenen Vogel noch weniger finden als seine Brüder, und wenn ihm ein Unglück zustößt, so weiß er sich nicht zu helfen; es fehlt ihm am Besten." Doch endlich, wie keine Ruhe mehr da war, ließ er

ihn ziehen. Vor dem Walde saß wieder der Fuchs, bat um sein Leben und erteilte den guten Rat. Der Jüngling war gutmütig und sagte: „Sei ruhig Füchslein, ich tue dir nichts zuleid." — „Es soll dich nicht gereuen," antwortete der Fuchs, „und damit du schneller fortkommst, so steig hinten auf meinen Schwanz." Und kaum hatte er sich aufgesetzt, so fing der Fuchs an zu laufen, und da ging's über Stock und Stein, daß die Haare im Winde pfiffen. Als sie zu dem Dorfe kamen, stieg der Jüngling ab, befolgte den guten Rat und kehrte, ohne sich umzusehen, in das geringe Wirtshaus ein, wo er ruhig übernachtete. Am andern Morgen, wie er auf das Feld kam, saß da schon der Fuchs und sagte: „Ich will dir weiter sagen, was du zu tun hast. Geh du immer geradeaus, endlich wirst du an ein Schloß kommen, vor dem eine ganze Schar Soldaten liegt, aber kümmere dich nicht darum, denn sie werden alle schlafen und schnarchen; geh mittendurch und geradewegs in das Schloß hinein, und geh durch alle Stuben; zuletzt wirst du in eine Kammer kommen, wo ein goldener Vogel in einem hölzernen Käfig hängt. Nebenan steht ein leerer Goldkäfig zum Prunk, aber hüte dich, daß du den Vogel nicht aus seinem schlechten Käfig herausnimmst und in den prächtigen tust, sonst möchte es dir schlimm ergehen." Nach diesen Worten streckte der Fuchs wi-

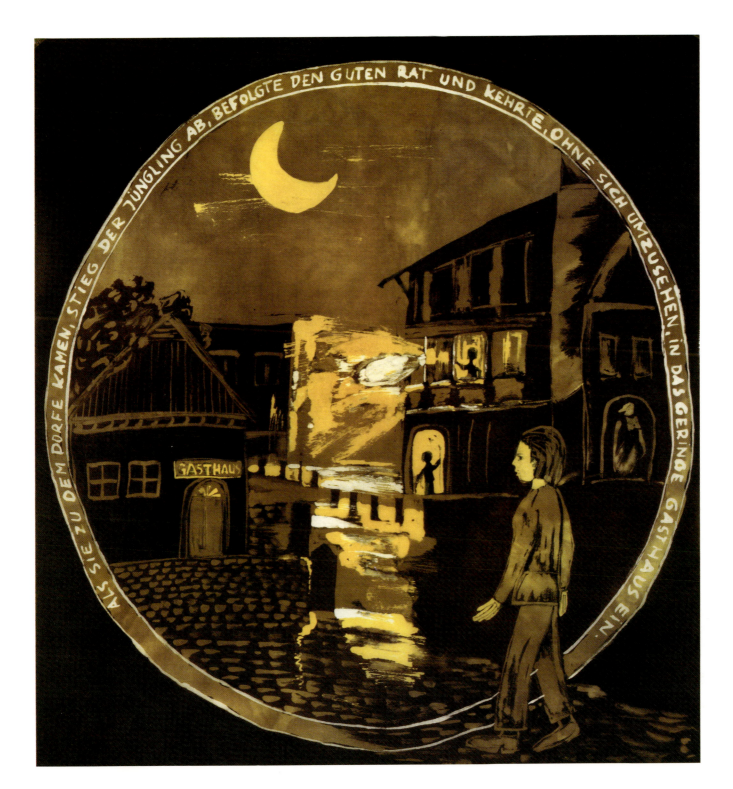

der seinen Schwanz aus, und der Königssohn setzte sich auf – da ging's über Stock und Stein, daß die Haare im Winde pfiffen. Als er bei dem Schloß angelangt war, fand er alles so, wie der Fuchs gesagt hatte. Der Königssohn kam in die Kammer, wo der goldene Vogel in einem hölzernen Käfig saß, und ein goldener stand daneben – die drei goldenen Äpfel aber lagen in der Stube umher. Da dachte er, es wäre lächerlich, wenn er den schönen Vogel in dem gemeinen und häßlichen Käfig lassen wollte, öffnete die Türe, packte ihn und setzte ihn in den goldenen. In dem Augenblick aber tat der Vogel einen durchdringenden Schrei. Die Soldaten erwachten, stürzten herein und führten ihn ins Gefängnis. Den andern Morgen wurde er vor Gericht gestellt und, da er alles bekannte, zum Tode verurteilt. Doch sagte der König, er wollte ihm unter einer Bedingung das Leben schenken, wenn er ihm nämlich das goldene Pferd brächte, welches noch schneller liefe als der Wind, und dann sollte er obendrein zur Belohnung den goldenen Vogel erhalten.

Der Königssohn machte sich auf den Weg, seufzte aber und war traurig, denn wo sollte er das goldene Pferd finden? Da sah er auf einmal seinen alten Freund, den Fuchs, an dem Wege sitzen. „Siehst du," sprach der Fuchs, „so ist es gekommen, weil du mir nicht gehorcht hast. Doch sei guten Mutes, ich will mich deiner

annehmen und dir sagen, wie du zu dem goldenen Pferd gelangst. Du mußt geraden Weges fortgehen, so wirst du an ein Schloß kommen, wo das Pferd im Stalle steht. Vor dem Stall werden die Stallknechte liegen, aber sie werden schlafen und schnarchen, und du kannst geruhig das goldene Pferd herausführen. Aber eins mußt du in acht nehmen: leg ihm den schlechten Sattel von Holz und Leder auf und ja nicht den goldenen, der dabeihängt, sonst wird es dir schlimm ergehen." Dann streckte der Fuchs seinen Schwanz aus, der Königssohn setzte sich auf, und es ging fort über Stock und Stein, daß die Haare im Winde pfiffen. Alles traf so ein, wie der Fuchs gesagt hatte; er kam in den Stall, wo das goldene Pferd stand — als er ihm aber den schlechten Sattel auflegen wollte, so dachte er: Ein so schönes Tier wird geschändet, wenn ich ihm nicht den guten Sattel auflege, der ihm gebührt. Kaum aber berührte der goldene Sattel das Pferd, so fing es an, laut zu wiehern. Die Stallknechte erwachten, ergriffen den Jüngling und warfen ihn ins Gefängnis. Am andern Morgen wurde er vom Gerichte zum Tode verurteilt, doch versprach ihm der König das Leben zu schenken und dazu das goldene Pferd, wenn er die schöne Königstochter vom goldenen Schlosse herbeischaffen könnte. Mit schwerem Herzen machte sich der Jüngling auf den Weg, doch

zu seinem Glücke fand er bald den treuen Fuchs. „Ich sollte dich nur deinem Unglück überlassen," sagte der Fuchs, „aber ich habe Mitleiden mit dir und will dir noch einmal aus deiner Not helfen. Dein Weg führt dich gerade zu dem goldenen Schlosse: abends wirst du anlangen, und nachts, wenn alles still ist, dann geht die schöne Königstochter ins Badehaus, um da zu baden. Und wenn sie hineingeht, so spring auf sie zu und gib ihr einen Kuß, dann folgt sie dir, und du kannst sie mit dir fortführen – nur dulde nicht, daß sie vorher von ihren Eltern Abschied nimmt, sonst kann es dir schlimm ergehen.' Dann streckte der Fuchs seinen Schwanz, der Königssohn setzte sich auf, und so ging es über Stock und Stein, daß die Haare im Winde pfiffen. Als er beim Schloß ankam, war es so, wie der Fuchs gesagt hatte. Er wartete bis um Mitternacht; als alles im tiefen Schlaf lag und die schöne Jungfrau ins Badehaus ging, da sprang er hervor und gab ihr einen Kuß. Sie sagte, sie wollte gerne mit ihm gehen, bat ihn aber flehentlich und mit Tränen, er möchte ihr erlauben, vorher von ihren Eltern Abschied zu nehmen. Er widerstand anfänglich ihren Bitten; als sie aber immer mehr weinte und ihm zu Füß fiel, so gab er endlich nach. Kaum aber war die Jungfrau zu dem Bett ihres Vaters getreten, so wachte er und alle anderen, die im Schlosse waren, auf

und der Jüngling ward festgehalten und ins Gefängnis gesetzt. Am andern Morgen sprach der König zu ihm: „Dein Leben ist verwirkt, und du kannst bloß Gnade finden, wenn du den Berg abträgst, der vor meinem Fenster liegt und über welchen ich nicht hinaussehen kann, und das mußt du binnen acht Tagen zustande bringen. Gelingt dir das, so sollst du meine Tochter zur Belohnung haben." Der Königssohn fing an, grub und schaufelte, ohne abzulassen; als er aber nach sieben Tagen sah, wie wenig er ausgerichtet hatte und alle seine Arbeit so gut wie nichts war, so fiel er in große Traurigkeit und gab alle Hoffnung auf. Am Abend des siebenten Tags aber erschien der Fuchs und sagte: „Du verdienst nicht, daß ich mich deiner annehme, aber geh nur hin und lege dich schlafen, ich will die Arbeit für dich tun." Am andern Morgen, als er erwachte und zum Fenster hinaussah, so war der Berg verschwunden. Der Jüngling eilte voll Freude zum König und meldete ihm, daß die Bedingung erfüllt wäre, und der König mochte wollen oder nicht, er mußte Wort halten und ihm seine Tochter geben.

Nun zogen die beiden zusammen fort, und es währte nicht lange, so kam der treue Fuchs zu ihm. „Das Beste hast du zwar," sagte er, „aber zu der Jungfrau aus dem goldenen Schloß gehört

auch das goldene Pferd." – „Wie soll ich das bekommen?" fragte der Jüngling. „Das will ich dir sagen," antwortete der Fuchs, „zuerst bring dem Könige, der dich nach dem goldenen Schloß geschickt hat, die schöne Jungfrau. Da wird unerhörte Freude sein, sie werden dir das goldene Pferd gerne geben und werden dir's vorführen. Setz dich alsbald auf und reiche allen zum Abschied die Hand herab, zuletzt der schönen Jungfrau, und wenn du sie gefaßt hast, so zieh sie mit einem Schwung hinauf und jage davon – und niemand ist instande dich einzuholen, denn das Pferd ist schneller als der Wind."

Alles wurde glücklich vollbracht, und der Königssohn führte die schöne Jungfrau auf dem goldenen Pferd fort. Der Fuchs blieb nicht zurück und sprach zu dem Jüngling: „Jetzt will ich dir auch zu dem goldenen Vogel verhelfen. Wenn du nahe bei dem Schlosse bist, wo sich der Vogel befindet, so laß die Jungfrau absitzen, und ich will sie in meine Obhut nehmen. Dann reit mit dem goldenen Pferd in den Schloßhof – bei dem Anblick wird große Freude sein, und sie werden dir den goldenen Vogel herausbringen. Wie du den Käfig in der Hand hast, so jage zu uns zurück und hole dir die Jungfrau wieder ab." Als der Anschlag geglückt war und der Königssohn mit seinen Schätzen heimreiten wollte, so sagte der Fuchs: „Nun

wollst du mich für meinen Beistand belohnen." "Was verlangst du dafür?" fragte der Jüngling. "Wenn wir dort in den Wald kommen, so schieß mich tot und hau mir Kopf und Pfoten ab."— "Das wär eine schöne Dankbarkeit," sagte der Königssohn, "das kann ich dir unmöglich gewähren." Sprach der Fuchs: "Wenn du es nicht tun willst, so muß ich dich verlassen; ehe ich aber fortgehe, will ich dir noch einen guten Rat geben. Vor zwei Stücken hüte dich, kauf kein Galgenfleisch und setze dich an keinen Brunnenrand." Damit lief er in den Wald.

Der Jüngling dachte: Das ist ein wunderliches Tier, das seltsame Grillen hat. Wer wird Galgenfleisch kaufen! Und die Lust, mich an einen Brunnenrand zu setzen, ist mir noch niemals gekommen. Er ritt mit der schönen Jungfrau weiter, und sein Weg führte ihn wieder durch das Dorf, in welchem seine beiden Brüder geblieben waren. Da war großer Auflauf und Lärmen, und als er fragte, was da los wär, hieß es, es sollten zwei Leute aufgehängt werden. Als er näher hinzukam, sah er, daß es seine Brüder waren, die allerhand schlimme Streiche verübt und all ihr Gut vertan hatten. Er fragte, ob sie nicht könnten freigemacht werden. "Wenn Ihr für sie bezahlen wollt," antworteten die Leute; "aber was wollt Ihr an die schlechten Menschen Euer Geld hängen und sie loskaufen." Er besann sich aber nicht, zahlte für sie, und als

sie freigegeben waren, so setzten sie die Reise gemeinschaftlich fort. Sie kamen in den Wald, wo ihnen der Fuchs zuerst begegnet war, und da es darin kühl und lieblich war und die Sonne heiß brannte, so sagten die beiden Brüder: „Laßt uns hier an dem Brunnen ein wenig ausruhen, essen und trinken." Er willigte ein, und während des Gesprächs vergaß er sich, setzte sich an den Brunnenrand und versah sich nichts Arges. Aber die beiden Brüder warfen ihn rückwärts in den Brunnen, nahmen die Jungfrau, das Pferd und den Vogel und zogen heim zu ihrem Vater. „Da bringen wir nicht bloß den goldenen Vogel," sagten sie, „wir haben auch das goldene Pferd und die Jungfrau von dem goldenen Schloß erbeutet." Da war große Freude, aber das Pferd fraß nicht, der Vogel pfiff nicht, und die Jungfrau, die saß und weinte.

Der jüngste Bruder aber war nicht umgekommen. Der Brunnen war zum Glück trocken, und er fiel auf weiches Moos, ohne Schaden zu nehmen, konnte aber nicht wieder heraus. Auch in dieser Not verließ ihn der treue Fuchs nicht, kam zu ihm herabgesprungen und schalt ihn, daß er seinen Rat vergessen hätte. „Ich kann's aber doch nicht lassen," sagte er, „ich will dir wieder an das Tageslicht helfen." Er sagte ihm, er sollte seinen Schwanz anpacken und sich fest daran halten, und zog ihn dann in die Höhe.

„Noch bist du nicht aus aller Gefahr,"sagte der Fuchs, „deine Brüder waren deines Todes nicht gewiß und haben den Wald mit Wächtern umstellt, die sollen dich töten, wenn du dich sehen ließest." Da saß ein armer Mann am Weg, mit dem vertauschte der Jüngling die Kleider und gelangte auf diese Weise an des Königs Hof. Niemand erkannte ihn, aber der Vogel fing an zu pfeifen, das Pferd fing an zu fressen, und die schöne Jungfrau hörte Weinens auf. Der König fragte verwundert: „Was hat das zu bedeuten?" Da sprach die Jungfrau: „Ich weiß es nicht, aber ich war so traurig, und nun bin ich so fröhlich. Es ist mir, als wäre mein rechter Bräutigam gekommen." Sie erzählte ihm alles, was geschehen war, obgleich die andern Brüder ihr den Tod angedroht hatten, wenn sie etwas verraten würde. Der König ließ alle Leute vor sich bringen, die in seinem Schloß waren; da kam auch der Jüngling als ein armer Mann in seinen Lumpenkleidern, aber die Jungfrau erkannte ihn gleich und fiel ihm um den Hals. Die gottlosen Brüder wurden ergriffen und hingerichtet, er aber ward mit der schönen Jungfrau vermählt und zum Erben des Königs bestimmt.

Aber wie ist es dem armen Fuchs ergangen? Lange danach ging der Königssohn einmal wieder in den Wald, da begegnete ihm

der Fuchs und sagte: „Du hast nun alles, was du dir wünschen kannst; aber mit meinem Unglück will es kein Ende nehmen, und es steht doch in deiner Macht, mich zu erlösen," und abermals bat er flehentlich, er möchte ihn totschießen und ihm Kopf und Pfoten abhauen. Also tat er's, und kaum war es geschehen, so verwandelte sich der Fuchs in einen Menschen und war niemand anders als der Bruder der schönen Königstochter, der endlich von dem Zauber, der auf ihm lag, erlöst war. Und nun fehlte nichts mehr zu ihrem Glück, solange sie lebten.

Tiefenpsychologische Deutung

Der genarrte Verstand

Selbst wer im Märchen des Rätselhaften und Abenteuerlichen viel gewohnt ist, wird von den scheinbaren Ungereimtheiten und Widersprüchen dieser Geschichte beeindruckt sein.

Man mag es in den Märchen als gewöhnlich hinnehmen, daß ein König in Schwierigkeiten gerät, die erst durch den dritten seiner Söhne gelöst werden können; man ist damit vertraut, daß Tiere sprechen und schließlich sich in Menschen verwandeln können; man ist auch daran gewöhnt, daß ein Märchen von gefahrvollen Reisen erzählt und die Mühen schildert, die es kostet, die Jungfrau vom Ende der Welt an den eigenen Hof zu geleiten. Aber in den meisten Märchen handeln doch die Akteure wenigstens innerhalb der ihnen gegebenen Merkmale und Bedingungen folgerichtig und logisch. Im «Goldenen Vogel» hingegen erscheint jeder Abschnitt merkwürdig, widersprüchlich und verworren.

Als Beispiel gleich die Einleitung. Ein König besitzt einen Baum, der goldene Äpfel trägt – das mag noch angehen; aber wäre es dann nicht das Allernaheliegendste, diesen König in unerhörtem Reichtum und Glück zu wähnen? Doch weit gefehlt! Peinlich zählt der König seinen Bestand, wie wenn es ihm auf jeden einzelnen der Äpfel ankäme. Die Früchte reifen, und man sollte meinen, dem nächtlichen Treiben des Diebstahls könnte kurz und bündig Einhalt getan werden, indem der Baum geerntet und die Äpfel in der königlichen Schatzkammer in sicheren Gewahrsam genommen würden. Statt dessen erleben wir das Bubenstück der schlafmützigen Söhne. Ein Vogel, der, selbst golden, gerade solche Äpfel, wie sie im Königsgarten wachsen, als seine Nahrung braucht – auch das mag sich zusammenfügen. Wie aber soll schon eine einzige Feder dieses Vogels kostbarer sein als alle Äpfel an dem Wunderbaum und als das ganze Königreich zusammen? Und selbst wenn dies so wäre – könnte nicht der König jetzt, nachdem der räuberische Vogel offenbar vertrieben ist, wieder in Ruhe seine Äpfel zählen und, Vogel hin, Vogel her, seiner Muße pflegen? Er kann es scheinbar nicht, und man versteht schon in der Einleitung: es geht ganz sicher nicht um «Gold» im äußeren Verstande, sondern um irgend etwas anderes, das die Bezeichnung «golden» allererst verdient.

In allem, was dann folgt, scheint jeder Punkt des Märchens mit Absicht darauf angelegt, den sogenannten gesunden Menschenverstand gründlich als irrig zu erweisen. Vor allem geht es immer wieder darum, daß die Dinge nicht so zusammengehören, wie man es von außen her als selbstverständlich annehmen sollte: den Königssöhnen gebührte, möchte man meinen, naturgemäß eine vornehme Herberge – aber mitnichten, ihnen geziemt ein armseliges Wirtshaus. Der goldene Vogel müßte sehr wohl nach gängigem Geschmack in einem goldenen Käfig würdig untergebracht sein – doch nein, der Holzkäfig ist ihm gemäß. Ebensowenig darf das goldene Pferd einen vornehmen Sattel tragen. Selbst Regungen des selbstverständlichen Mitleids gehen offensichtlich in die falsche Richtung: der Königstochter muß der Abschied verweigert werden, die eigenen Brüder sollen scheinbar wohlgemut am Galgen hängen, und der treue Fuchs, dem doch der Königssohn alles verdankt, soll gnadenlos in Stücke gehauen werden – wahrlich, wie der Königssohn selbst sagt, «ein wunderliches Tier» ist dieser «Fuchs». Alles, was er sagt, entstammt einer Logik des Kontrastes, einer Ordnung, in der offenbar gänzlich andere Maßstäbe und Gesetze gelten als in der Welt der äußeren Realität, und es scheint alles darauf anzukommen, sich um der eigenen Rettung willen der gewohnten Alltagslogik zu entschlagen und auf den «Fuchs» bedingungslos hören zu lernen; wo nicht, droht jedenfalls Stelle um Stelle prompt und regelmäßig die Katastrophe der Verstandeslogik, und es entstehen Zwangslagen, in denen die so sicher scheinende praktische Vernunft gar keine Lösung mehr zu finden weiß.

Statt also der Einlinigkeit des Verstandes zu folgen, nötigt der «Fuchs» immer wieder dazu, die gewöhnlichen Urteile und Zusammenordnungen als nichtig zu erkennen und insbesondere die Vorstellungen von Würde, Glanz und Wert von Grund auf der Kritik zu unterziehen. Mehr noch: scheint es auf der Hinreise um eine paradoxe Erziehung des Verstandes zu gehen, so erfolgt auf der Rückreise des jüngsten Königssohnes so etwas wie eine umgekehrte «Erziehung der Gefühle»[1], die sich auf merkwürdige Weise gegen die «normalen» Anweisungen der alltäglichen Moral ausspricht: die üblichen Begriffe von Rücksicht und Gerechtigkeit, von Vertragstreue und von Bruderpflicht, von Pietät und Mitleid scheinen wie überholt von einer anderen, weit drängenderen Forderung: sich auf Gedeih und Verderb, in Eile und mit unerbittlicher Entschlossenheit auf den Heimweg zu begeben. Tatsächlich belehrt denn auch der ganze Verlauf des Märchens mit Nachdruck darüber, wie recht der «Fuchs» mit all seinen Anweisungen hat: in allem steht nicht *etwas* auf dem Spiel, sondern es gilt das ganze Leben, und jeder Ungehorsam gegen das Geheiß des «Fuchses» rächt sich auf der Stelle bitter.

Um das Märchen vom «Goldenen Vogel» richtig zu verstehen, wird man also von dieser ständigen Irritation des scheinbar gesunden Menschenverstandes ausgehen müssen. Im Widerspruch zum Sinn für die äußere Wirklichkeit gibt es offenbar eine im «Fuchs» repräsentierte instinktive Vernunft, deren Sprache, von außen betrachtet, ganz widersinnig anmutet; und doch hat sie im Grunde recht, und immer, wenn es nicht mehr weitergeht, ist sie es, die noch einen Ausweg zeigt. Die ganze Lebensklugheit und Weisheit läge darin, auf diese Stimme rechtzeitig zu hören; doch nichts scheint schwieriger, und es ist eine Kunst, die allem Anschein nach nur durch viel Leid zu lernen ist. Nur Schritt für Schritt wird man dahin gelangen, die Äußerlichkeit aufzugeben und innerlich wahr zu werden.

Der arme König

In diesem Spannungsfeld der äußeren Verstandeslogik und der gewissermaßen tierischen Vernunft des «Fuchses» muß man als erstes wohl die Gestalt des «Königs» selber sehen.

Der König mit dem Baum der goldenen Äpfel hinter seinem Schloß gilt *in naturmythologischer Auslegung* als der König des Himmels, als der Besitzer des Weltenbaumes; die Äpfel im Königsgarten erscheinen nach dieser Deutung als die Gestirne Sonne und Mond, die am Weltenbaum wachsen, und vor allem auf den Mond trifft die Darstellung zu, daß im Augenblick der Reife, in der Zeit des Vollmondes, Nacht für Nacht ein «Vogel» kommt, der etwas von der goldenen Pracht des Weltenbaumes wegnimmt; der goldene Vogel ist in dieser Betrachtung die schmale Sichelgestalt des Mondes, sein dunkles Gegenstück[2]. Auch daß der Mond als ein goldenes Pferd[3] oder als eine Jungfrau im Bade[4] dargestellt wird, ist ein geläufiges Motiv der Mondmythologie. Der Berg schließlich, der vor dem Palast des dritten Königs innerhalb von sieben Tagen weggeschaufelt werden muß, ehe die Jungfrau heimgeführt werden kann, scheint der Weltenberg zu sein, hinter dem der Mond verschwindet, bis er nach dreimal sieben Tagen bei den anderen «Königen» in der Gestalt des Vollmondes an den Hof des ersten Königs zurückkehrt[5]. Was das Märchen als einen einmaligen Vorgang von Ausreise und Heimkehr schildert, wäre demnach mythologisch die immer wiederkehrende Geschichte des Himmels von dem Raub und der Rückkehr des Mondes als Weltenapfel oder Himmelsjungfrau, als goldener Vogel oder goldenes Pferd. Immer von neuem geschieht es dem Himmelsvater, daß ihm in der Nacht etwas von dem Goldglanz des Weltenbaumes gestohlen wird, aber immer neu wird ihm das Entwendete reich und vollständig wieder zurückgebracht. Das im Märchen Einmalige ist also in Wahrheit für den Mythos der Natur das Ewig-Wiederkehrende, und das «Es war vor Zeiten» am Anfang des Märchens ist eigentlich eine Kunde vor aller Zeit, in der ein urzeitliches Ereignis die Ordnung der Welt, wie sie jetzt besteht und bis zum Ende der Zeit in Geltung bleiben wird, begründet.

Aber von diesen naturmythologischen Anschauungen ist in dem Märchen zwar noch die Bildersprache, nicht jedoch der Sinn und die Aussagerichtung erhalten. Der Erzählung wird man in ihrer jetzigen Gestalt als Märchen nur gerecht, wenn man sie nicht mehr als Darstellung äußerer Naturvorgänge interpretiert, vielmehr umgekehrt: die ehemals mythische Beschreibung der Natur ist als eine Symbolik innerer, *psychischer* Vorgänge zu deuten.

Der *König* verkörpert, so gesehen, dann nicht eine Macht am Himmel der Welt, sondern eine Kraft innerhalb des seelischen Kosmos, und zwar nach dem Gesagten eine sehr begrenzte Kraft. Das Reich, das er regiert, bildet nur einen Teil der psychischen Wirklichkeit. Man mag vielleicht eine Weile mit dem König glauben, es gebe auf Erden tatsächlich nur jenen Bereich, in dem er unumschränkt regiert, doch das ist eine arge Täuschung – das eigentlich Wertvolle besitzt der König nicht, und eine einzige Feder aus der Welt des goldenen Vogels ist von einem bestimmten Augenblick an wertvoller als sein gesamtes Reich.

Es gibt neben dem Machtbereich des Königs mithin noch eine andere dem König nicht bekannte Welt. In dieser herrschen scheinbar jene völlig anderen Gesetze, die der gesamten Welt des «Königs» widersprechen; und um in diese Sphäre einzudringen, muß man die paradoxe «tierische» Vernunft des «Fuchses» hören lernen, die deutlich eine Gegenlogik des alltäglichen Verstandes darstellt. Aus dem Kontrast zu dieser instinkthaften Vernunft des «Fuchses» kann man dann auch verstehen, was der König darstellt. Er vertritt offensichtlich eine Einstellung, in der sich der Verstand, die Welt der Ratio, wie absolut gebärdet[6]; es gäbe jedenfalls ohne die nächtlichen Heimsuchungen des goldenen Vogels wohl keinen Anlaß für den «König» zu merken, wie begrenzt und arm sein ganzes bisheriges Leben war.

Um das Symbol des «Königs» auszulegen, muß man die Bildersprache des Märchens in die erfahrbare Wirklichkeit übersetzen und sich die Psyche eines Menschen denken, für den die Einleitung der Erzählung in ihren wesentlichen Zügen als Diagnose und Porträt verstanden werden kann. Man wird dann einen Menschen vor Augen haben, der im Umgang mit sich selbst bisher

sich wirklich wie ein König vorgekommen ist. Alles, was er sich mit Verstand und Willen vornahm, muß ihm gelungen sein; er selber wird, wenn dieses Bild vom König für ihn Geltung hat, mit seinem Leben umgegangen sein wie mit etwas schlechterdings Beherrschbarem, in dem er souverän und ohne Widerspruch das Sagen hat. Ein solcher «Königsmensch» ist nach innen wie nach außen gewohnt, daß sich die Welt nach seiner Weisung richtet. Macht, Ruhm und Erfolg sind für ihn wie ein Lebenselixier; er könnte sich die Welt kaum anders denken, als daß er selbst wie Kork im Wasser darauf schwimmt, allseits bewundert, anerkannt, beneidet – ein Leben, wie es sich anscheinend jedermann nur wünschen mag.

Und dennoch ist ein solches «Königsich» in Wahrheit eher armselig als reich. Es mag wohl viele Jahre dauern, bis sich die Not der «Königsmenschen» zeigt; irgendwann aber, spätestens im Herbst des Lebens[7], wenn die Äpfel reifen, tritt der wahre Sachverhalt zutage. Gerade in dem Moment, wo sie die Früchte ihrer Mühen ernten könnten, werden die «Königsmenschen» merken, daß ihr Leben ihnen eigentlich gar nicht gehört. Mehr und mehr müssen sie von sich den Eindruck haben, daß ihnen ihr Leben insgeheim, wie über Nacht, gestohlen wird oder in Wahrheit immer schon gestohlen worden ist. Die sogenannte Lebenskrise[8] bzw. das Problem der Lebensmitte[9] überfällt sie nicht selten zunächst ganz buchstäblich in den Nachtstunden: Schlaflosigkeit und Angst, Alpträume und somatische Be-

schwerden, Niedergedrücktheit und das bleierne Gefühl, sich selber gegenüber fremd zu sein – all das zeigt ihnen jetzt, daß sie in irgendeiner Weise an sich selbst vorbeigelebt haben und jedenfalls nicht ernten können, was sie an goldenen Erträgen für sich einzubringen hofften. Eine Unruhe überkommt sie, die ihr ganzes bisheriges Leben vollkommen in Frage stellt. Man weiß jetzt nicht mehr, wofür man überhaupt gelebt hat, wofür man sich abgekämpft hat und was all die großartigen Leistungen und stolzen Erfolge für einen selber wert gewesen sein sollen. Im Gegenteil, das ehedem Kostbarste erscheint einem jetzt hohl und nichtig, und statt zufrieden auf ein ruhig herangereiftes Leben schauen zu können, wird man Zeuge eines unvermerkten Diebstahls: das eigentliche Glück erreicht man in der alten Lebensweise, auf dem Wege bisher, sicher nicht.

Die Äpfel und der Baum sind auf der *Objektstufe der Deutung* ein weibliches, mütterliches Symbol; sie stehen für die Sehnsucht nach Geborgenheit und Halt, nach Schutz und Angenommensein, nach Liebe und nach einfachem Sein-Dürfen[10]. Mit all den Anstrengungen und Strapazen, die zum Leben eines «Königsmenschen» notwendig gehören, scheint es im Sinne dieses Bildes letztlich nur darauf anzukommen, daß man sich irgendwann einmal selbst sagen kann: Jetzt ist es gut genug, mehr braucht es nicht, jetzt darf ich nach all dem Geleisteten mich rundum akzeptiert fühlen. In Wahrheit aber geht es für die «Königsmenschen» gerade umgekehrt: je mehr man sie für ihre Leistungen bewundert, desto mehr müssen sie merken, daß ihre eigene Person vollkommen in Vergessenheit gerät, und damit erst beginnen die eigentlich entscheidenden Fragen ihres Lebens: «Was für ein Mensch bin ich?» «Was bleibt von mir, wenn ich das von mir abstrahiere, worauf ich all die Jahre stolz war: Leistungskraft, Vernünftigkeit und Überlegenheit?» – Mit dem Gefühl der Geltung und der Macht wollten die «Königsmenschen» eigentlich nur akzeptiert sein und ein Stück Geborgenheit genießen, aber dahin ist es niemals gekommen und wird es so auch niemals kommen. Im Gegenteil, jetzt, in der Zeit der Reife, zeigt es sich, daß ihr ganzes Leben eine große Täuschung war; in Wahrheit ist ihr Ich ein König Ohneland[11].

Noch deutlicher wird die Problematik des «Königs-Ich» auf der *Subjektstufe der Deutung,* wenn man in den goldenen Äpfeln, dem Baum und dem goldenen Vogel nicht nur die quasi mütterliche Wertschätzung der Umwelt, sondern vor allem die Wertschätzung der eigenen Person durch sich selbst erblickt.

Die *goldenen Äpfel* des (Welten-)Baumes sind subjektal als Mandala-Symbole zu verstehen[12], und man muß sagen, daß der «König» mit seinem einseitigen Herrschaftswillen nicht nur die Liebe anderer für seine eigene Person verscherzt, sondern vor allem sich selbst, seine Ganzheit, immer mehr verliert. Sein eigenes Unbewußtes, das Wissen seiner unruhigen Nächte zeigt immer von neuem, daß ihm als «König» in sei-

ner einseitigen Bewußtseinseinstellung das Wertvollste und Wichtigste gerade entgeht: eine «runde», «gereifte» Persönlichkeit zu werden.

Das Bild des *Vogels* steht zumeist für den Geist und die Welt der hochfliegenden Gedanken[13], das *Gold* indes weist auf eine Persönlichkeit hin, die ihrer selbst bewußt geworden ist[14]. Der goldene Vogel, der in der Nacht die Äpfel von dem Baume stiehlt, kann daher als ein Symbol der Seele bzw. als Symbol des eigentlichen Selbst gedeutet werden, und so versteht man, warum in der Tat eine einzige Feder des goldenen Vogels wertvoller ist als das ganze Königreich – als das kleine, nur vom Bewußtsein kontrollierte Gebiet der Psyche. Es geschieht zum erstenmal, daß das Ich, der «König», merkt, daß es neben seiner Rationalität und seinem Herrschaftsanspruch noch eine andere Welt gibt, die ihm völlig fremd ist; doch diese andere Welt muß ihm fortan «vorschweben» wie ein wunderschöner Traum, den er realisieren muß, wenn sich sein Leben lohnen soll.

Um diese Einsicht zu gewinnen, muß der «König» seine *drei «Söhne»* zu Hilfe rufen; er tut dies freilich zunächst nicht, um den goldenen Vogel zu *finden,* sondern um ihn zu *töten.*

In unzähligen Märchen taucht das Motiv von den drei Söhnen auf, und es liegt in gewissem Sinne sogar der Dreifaltigkeits- und Erlösungslehre des Christentums zugrunde[15]. Sieht man in dem «König» in subjektaler Deutung ein Symbol des Bewußtseins, so sind die «Söhne» des Königs ohne Zweifel die

Ichkräfte, deren sich das Bewußtsein bedienen muß, um zu der verborgenen Welt des Unbewußten Zugang zu finden.

Die Symbolik der Dreizahl ergibt sich (nach C. G. Jungs Erklärung) daraus, daß von den vier paarweisen Ichfunktionen: Denken und Fühlen, Intuieren und Empfinden, nur eine Fähigkeit als Hauptfunktion entwickelt werden kann; diese schließt ihr Gegenstück in dem gleichen Maße aus, wie sie sich selbst entfaltet; indem sie sich mit den beiden anderen Fähigkeiten verbindet, entsteht ein Ich, das mit dreien seiner Fähigkeiten sich auf die Suche nach dem ausgeschlossenen Vierten macht, oder es entsteht, in der Sprache der Märchen, das Problem eines «Königs», der seine drei Söhne ausschickt, um die lebensnotwendige verlorene Kostbarkeit zu holen[16].

Fast immer ist es *der dritte Sohn,* der den Weg zur Erlösung findet[17]. Denn während die beiden älteren sich in ihrer Einstellung kaum von der Haltung des «Königs» unterscheiden und im Grunde noch dem Bannkreis seiner Notlage verhaftet sind, ist der jüngste meist ein verhänselter, gedemütigter und jedenfalls einfältig erscheinender Tor[18]; nur: wenn die Schwierigkeit des «Königs» gerade darin besteht, an seinem einseitigen Leistungsstolz zugrunde zu gehen, so bedarf es vornehmlich eben des bisher Verachteten, Minderwertigen und klein Gebliebenen, um zu der Jenseitswelt des verlorenen Vierten Zugang zu bekommen. Während mithin der Hochmut der bevorzugten älteren Königssöhne regelmäßig scheitert, erweist sich die selbstverständliche Demut und Bescheidenheit des Jüngsten schließlich ebenso regelmäßig als einzig «erfolgreich». Von daher ist es auch zu verstehen, daß *die Erlösergestalten der Religionen* oft ein verächtliches Äußeres tragen[19]; denn eben darin besteht schlechthin der ganze spätere Erlösungsweg: das Äußere insgesamt unwichtig zu finden.

Im Märchen vom goldenen Vogel stellen die beiden älteren Söhne schon gleich zu Beginn ihre Unfähigkeit zur Erlösung des Königs unter Beweis, indem sie den Diebstahl der Äpfel verschlafen; sie können, der Symbolsprache der Dreizahl zufolge, ihrer eigenen Natur nach ganz sicher nicht bemerken, wieso inmitten all des königlichen Gepränges und Gehabes in Wahrheit ein Diebstahl passiert und dem «König» die Früchte seines Lebens gestohlen werden; sie haben aufgrund ihrer Nähe zum «König» durchaus keine Augen für die vergoldete Vogelgestalt der Seele; und für die Welt des Unbewußten, in der Zeit der Nacht, sind sie wie Schlafende.

Einzig der jüngste Sohn ist zur Überraschung aller anderen imstande, die geheime Wirklichkeit des Unbewußten zu verstehen. Freilich wird er zunächst nur dazu benutzt, den vermeintlichen Dieb der goldenen Äpfel zu beseitigen. Es ist zweifellos ein Kurzschluß des «Königs», das ahnungsweise Wissen seines jüngsten Sohnes nach Möglichkeit nur zur Tötung des goldenen Vogels einzusetzen; aber der König möchte zunächst einfach seine Ruhe haben,

an etwas anderes kann er gar nicht denken. «Wenn ich schon so etwas wie eine Seele habe, die mich nicht zur Ruhe kommen läßt» – so ähnlich muß er überlegen –, «nun, dann eben weg mit dieser Seele.»

Im Grunde ist der makabre Versuch der «Vogeltötung» nur die konsequente Fortsetzung all dessen, was bisher im Leben des «Königs» geschah, nur daß das Ich bislang keinen Anlaß hatte, sich mit seiner «Seele» zu beschäftigen. Insofern bedeutet es bereits einen wichtigen Fortschritt, daß der goldene Vogel jetzt überhaupt schon als störender Eindringling und Dieb erlebt wird. Aber die erste Reaktion des Ich auf den diebischen Vogel kann in der Tat nur so ausfallen, daß es den Unruhestifter «abzuschießen» trachtet; ein solches Ich gäbe alles darum, einfachhin so seelenlos weiter dahinleben zu können wie bisher, wenn es nur die sich aus dem Unbewußten meldenden Vorstellungen, Wünsche und Gedanken auf immer zu verdrängen vermöchte.

Indessen gelingt das nicht, und auch der jüngste Sohn vermag den goldenen Vogel nicht zu töten. Im Gegenteil, er bringt mit der einen Feder des Vogels einen Schatz nach Hause, der immerhin eine Ahnung von den Schätzen wachruft, die offenbar in einer Welt jenseits der bisherigen Vorstellung des Verstandes verborgen liegen. Gemessen daran mutet das ganze Leben, das bislang so reich erschien, plötzlich wie null und nichtig an. Die eigenen Berater, die vernünftigen Überlegungen des Ich, sagen jetzt selber, daß es fortan nur noch darum gehen kann, die eine überaus *große Kostbarkeit*[20], den goldenen Vogel im Märchen, die kostbare Perle im Evangelium[21], zu finden und für sich zu gewinnen. Ohne die eigene Seele kann man auf Dauer nicht mehr leben, man mag besitzen, was man will – so spricht jetzt angesichts der goldenen Feder sogar die eigene bisher so einseitige Logik des Verstandes. Nur, wie soll man eine «Seele» wiederfinden und zurückerhalten, die man vor dem Zeitpunkt des Diebstahls noch niemals zu Gesicht bekommen hat und von der man bislang nur eine flüchtige Ahnung und ein winziges Indiz besitzt, daß sie überhaupt existiert?

Das falsche Zuhause

Niemand wüßte auf diese Frage eine Antwort, wäre da nicht der «Fuchs» am «Waldesrand». Die beiden ältesten Söhne sehen ihn und wollen auch ihn auf der Stelle töten – so unwillkürlich ist die Todfeindschaft zwischen der «Klugheit» des Verstandes und der Vernunft des Unbewußten. Der «*Waldrand*», wo die Prinzen dem Fuchs begegnen, markiert sehr schön das Grenzgebiet zwischen der Welt des Unbewußten und des bisher so allmächtig sich gebärdenden Verstandes[22].

Sprechende Tiere, wie der Fuchs, symbolisieren in den Märchen oft bestimmte Triebansprüche; sie stehen meist für das, was im Menschen selbst noch tierisch und wild geblieben ist und jedenfalls noch nicht dem kultivierten, integrierten Teil der Psyche zugehört[23]. Aber der «Fuchs» unterscheidet sich doch sehr von den wilden und gefährlichen Raubtieren, die sonst den Grenzbereich zum Unbewußten, den Eingang zur Unterwelt, verstellen. Sieht man genau hin, so warnt der «Fuchs» in gewisser Weise gleich zu Beginn sogar selber mit dem Hinweis auf das Wirtshaus vor den lauernden Triebgefahren des Unbewußten, und statt sie in sich selbst zu verkörpern, versucht er alles, die verstandeshochmütigen Prinzen auf einen anderen, richtigeren Weg zu weisen.

Es mag sein, daß *die Gestalt des Fuchses* an dieser Stelle durch die schon in den Fabeln der Antike sprichwörtliche Klugheit des Fuchses vorbereitet ist[24]; aber im Prinzip können auch andere Tiere, wie z. B. in der Bibel Bileams Esel (Num 22), dieselbe Funktion ausüben, die hier dem Fuchs zukommt: nämlich das irregeleitete Bewußtsein durch eine Art unbewußter und unreflektierter Weisheit der Seele vor Schaden zu bewahren[25]. Die Stimme derartiger wegweisender Tiere ist niemals die Stimme des Blutes oder der Drang der Triebe; eher könnte man sie als die Stimme des Gewissens bezeichnen, wenn mit dem Begriff «Gewissen» nicht zunächst die Vorstellung einer wertenden Instanz in moralischem Sinne verbunden wäre. Der «Fuchs» ist in diesem Sinne gewiß keine moralische Größe; ihm geht es nicht um die strikte Unterscheidung von Gut und Böse – im Gegenteil: seine Ratschläge laufen vor allem im zweiten Teil der Geschichte nicht selten auf eine ziemlich dreiste Gaunerei hinaus. Statt

dessen vertritt er eine innere Vernünftigkeit und Lebensklugheit, die sich gerade im Kontrast zu der Verstandeslogik des «Königs» und seiner «Söhne» bewährt. Er allein weiß um den Weg und die Methoden, die einzuschlagen sind, um den goldenen Vogel (sowie das Pferd und die Jungfrau) heimzuholen. Die Suche nach dem goldenen Vogel ist, wie sich gezeigt hat, im Grunde eine Suche nach sich selbst, nach der eigenen, verlorenen Seele, und die mahnende Stimme, die den Weg dahin weist, wird man am ehesten als *Existenz- oder Wesensgewissen*[26] bzw. auch, im Sinne der aristotelischen Philosophie, als *Entelechie*[27] bezeichnen können. Es handelt sich um eine Stimme, die den Menschen auf dem Weg der Wahrheit zu sich selber führt; sie ist etwas, das wie aus der Vorzeit der Evolution in ihm eingepflanzt ist und das jedenfalls so lange eine tierische Gestalt besitzt, als das Bewußtsein diese Stimme selbst noch nicht zu seiner eigenen gemacht hat. Es zählt mit zu der tiefen Weisheit der Märchen, daß sie von der Annahme ausgehen, ein jeder Mensch, und sei sein Leben noch so verworren, trage in sich die Stimme eines solchen sprechenden Tieres. Die biblischen Geschichten stehen sogar nicht an, dieses unbewußte Existenzgewissen, diese Grundgestalt des Menschen, der zu sein man eigentlich bestimmt ist, auch als «Engel Gottes» zu bezeichnen[28]; und ein anderer biblischer Begriff, der des «Gehorsams», gibt sicherlich am besten wieder, mit welcher Einstellung dem «Fuchs» am «Waldrand» zu begegnen wäre.

Aber wie soll man eine Stimme hören und verstehen, die so sehr all dem widerspricht, was man bisher für richtig, nützlich und erfolgreich halten mußte? Die beiden ältesten Söhne des Königs, sagt das Märchen, vertrauen auf ihre eigene Klugheit und haben es absolut nicht nötig, den Warnungen des Fuchses auch nur die geringste Beachtung zu schenken. Prompt gehen sie denn auch mit ihrem Hochmut, ohne es zu merken, sich selber in die Falle. Ihr Ziel ist es, den «Goldenen Vogel» einzufangen; sie wollen, entsymbolisiert, im Auftrage des «Ich» dahin gelangen, daß die verlorene Seele nicht wie ein Dieb in der Verbannung bleibt, sondern erstmals zum Leben zugelassen wird. Übersetzt man dieses Vorhaben wieder in die Sprache der erfahrbaren Realität, so kann man auch sagen: sie wollen *das* Leben zurückholen bzw. «nachholen», das bisher nicht gelebt werden durfte. Wenn der «König» am Anfang des Märchens als die Verkörperung eines Ich zu verstehen war, dem es nur um Macht, Erfolg und Anerkennung ging, so läßt sich inhaltlich unschwer begreifen, was jetzt den «Söhnen» zur Gefahr wird. Weil sie es nicht gewohnt sind, nach innen zu horchen und dort die Stimme des eigenen Wesens zu vernehmen, vermögen sie auch den Befehl, das andere, ungelebte Leben «nachzuholen», nur denkbar äußerlich zu nehmen. So wie der ganze Ichstandpunkt bisher rein äußerlich bestimmt war, so müssen sie auch die Suche nach der verlorenen Seele als etwas Äußeres verstehen; zu leben, was bisher nicht gelebt wurde, erscheint ihnen daher nur als Verlockung, wenn nicht geradewegs als unausweichliche Notwendigkeit, sich gründlich auszuleben.

Man wirft der Psychologie bzw. Psychotherapie nicht selten vor, sie betreibe mit den Vokabeln «Selbstfindung» und «Selbstverwirklichung» letztlich eine Schule der Unmoral[29]. Dies ist ein grobes Mißverständnis, und das Märchen vom «Goldenen Vogel» zeigt das in aller Deutlichkeit; es zeigt allerdings auch, daß es sich hier um ein äußerst naheliegendes Mißverständnis handelt. Wollte man sagen, die beiden älteren Söhne seien dem Befehl ihres Vaters einfach untreu geworden, so träfe das nicht zu: sie machen sich ja auf den Weg; nur legen sie ihren Auftrag in der ihnen gewohnten Denkweise aus, und eben dies wird ihnen auf der Stelle zum Verhängnis und in der Tat zur «Unmoral».

Das Märchen beschreibt die Gefahr, die gleich zu Beginn des langen Weges zu sich selber den «Söhnen» droht, in dem sehr anschaulichen Bild von dem prachtvoll erleuchteten *«Wirtshaus»*. In dieser Art muß das Leben in der Tat einem Menschen erscheinen, der nach langen Jahren der Anstrengung und Konzentration auf den äußeren Erfolg bemerkt, daß er für sich selbst eigentlich noch gar nicht gelebt hat, und der sich dementsprechend um die Früchte seines Lebens betrogen fühlen muß; er wird unweigerlich zunächst auf die Idee verfallen, daß er jetzt endlich selbst am Zuge sei und erst einmal die versäumten Genüsse des Lebens um so intensiver eintreiben müsse. Daß er bislang

wie seelenlos gelebt hat, ohne innere Freude und Anteilnahme, bedeutet für ihn jetzt, sich im Gegenteil «würdig» und in vollen Zügen im Leben wie in einem «Wirtshaus» «einzuquartieren».

So zu denken ist schon deshalb überaus verlockend, weil sich auf diese Weise die bisherige Icheinstellung in ihrer Äußerlichkeit nicht zu ändern braucht. Das Ich ist auch im «Wirtshaus» nach wie vor genauso oberflächlich wie all die Jahre vorher, nur daß sich die Zielsetzung der äußeren Aktivitäten um 180 Grad gedreht hat: statt erfolgreich zu sein und etwas zu leisten, ist das Ich jetzt darauf versessen, sich selbst etwas zu leisten und jedes Streben zu vergessen. Aus der Freude, die es sucht, wird somit bloßer Genuß, aus der Innerlichkeit, die es bräuchte, betäubender Lärm, und aus einem Menschen der Pflicht wird jetzt ein Mensch der Laszivität und des Schlendrians. In der Sprache der Psychoanalyse ist bei diesem Wechsel vom «Königspalast» zum «Wirtshaus» eigentlich keine Haltungsänderung eingetreten — es ist vielmehr nur der überzogene Anspruch des Ichideals *dekompensiert* worden[30]. Die Suche nach dem «Vogel» ist damit zu Ende, noch ehe sie eigentlich begonnen hat.

Insofern enthält der Umzug der «Söhne» ins «Wirtshaus» mittelbar auch ein moralisches Problem, und noch einmal läßt sich von daher die Funktion des «Fuchses» bestimmen. Jede Dekompensation richtet sich gegen die bisher gelebten Vorstellungen von Pflicht, Verantwortung und Sittlichkeit. Indem der «Fuchs» sich immer wieder warnend

gegen die prächtige «Herberge» ausspricht, vermittelt er indirekt auch ein Stück Moralität. Dennoch geht es ihm nicht um die Einhaltung oder Übertretung bestimmter äußerer Normen; was er will, ist die Befolgung der Gesetze, die innerlich ein Weiterkommen auf dem Wege zu sich selbst ermöglichen. Er möchte weder die Einseitigkeit des verständigen Leistungswillens im «Königspalast» noch die Faulheit des Konsums im «Wirtshaus»; ihm liegt daran, den Weg nach innen zu vollenden. Die Pflicht, die er verkörpert, ist nicht die der Moral, sondern — ursprünglicher und wichtiger als die Frage nach dem richtigen Tun — die Pflicht der Existenz, die Frage nach dem richtigen Sein, und es zeigt sich gleich von Anfang an, daß diese Ebene der Auseinandersetzung ungleich mehr an Mut, Wahrhaftigkeit und Wandlungsfähigkeit erfordert als all die sicherlich nicht immer leichten Kämpfe der Moral[31].

Die entscheidende Forderung des «Fuchses», die er gleich zu Beginn des «Weges» stellt und die er eigentlich in allen folgenden Szenen der Ausreise nur variiert, lautet immer wieder mit Penetranz und Konsequenz, daß man die äußere Fassade ganz und gar verachten soll; um bei der Suche nach dem «Vogel» voranzukommen, ist es unerläßlich, sich auf den inneren Wert der Dinge — und der eigenen Person — zu konzentrieren, gleichgültig, wie etwas nach außen hin wirkt oder erscheint. *Demut* ist das, was der «Fuchs» verlangt, bzw. die Treue zu dem, was man selbst in Wahrheit ist; und so gilt es, als erstes zu lernen, von dem Leben zum Fenster hinaus loszukommen.

Statt des prächtigen «Wirtshauses» muß man die Unscheinbarkeit wählen. Sie ist der Schutz der Wahrheit, und nur in der Unscheinbarkeit, ohne die Rücksicht auf das sogenannte «Image», können die Dinge sich so ausreifen, wie sie von innen heraus sind. Freilich, nur der bisher unterdrückte und gedemütigte Teil der Seele, der dritte Sohn des Königs, ist fähig, diese Forderung des «Fuchses» zu befolgen, und auch er wird bis ganz zuletzt nur durch Leid und Schmerz «Gehorsam lernen» müssen (Hebr. 5,8).

«Der Schatz in irdenen Gefäßen»

Immerhin ist der jüngste Sohn der einzige, der wenigstens zunächst dem «Fuchs» mit Wohlwollen und Zutrauen, wenngleich auch mit Verwunderung und Unverständnis, begegnet. Dafür darf er jedoch zur Belohnung auch mit der unverbrüchlichen Treue und Hilfe des «Fuchses» rechnen.

Seine erste Erfahrung mit dem «Fuchs» besteht bereits darin, daß er, statt selber sich in den «Wald» des Unbewußten hineinarbeiten zu müssen, vom «Fuchs» sich *tragen* lassen kann[32]. Es gibt mit anderen Worten innerhalb des Unbewußten ein «Weiterkommen» nur, wenn man sich wie passiv der Führung der eigenen unbewußten Wesensgestalt, des «Fuchses», überläßt. Tatsächlich kommt es jetzt – im Unterschied zu früher – durchaus nicht mehr auf die eigene An-

strengung und das eigene Durchsetzungsvermögen an, sondern es geht im Gegenteil darum, sich von der lenkenden Kraft des Unbewußten tragen zu lassen, und das könnte etwas sehr Einfaches und Zwangloses sein, würde es nicht durch die Dreinrede der alten Verstandeslogik immer wieder durchkreuzt. Aber um die Wahrheit zu sagen: die Voraussetzungen im Märchen vom «Goldenen Vogel» liegen noch relativ günstig. In anderen Mythen, Sagen und Märchen wird das Unbewußte nicht selten wie ein sturmgepeitschtes Meer geschildert, auf dem das Ich, wie Odysseus auf dem Floß, hilflos hin und her treibt[33]. Demgegenüber ist der Gegensatz zwischen der bewußten Icheinstellung und der unbewußten Wesensgestalt der Persönlichkeit in dem «Vogel»-Märchen doch nicht so groß, daß der «Fuchs» in sich bereits gefährliche oder unheimliche Züge annehmen müßte. Der «Fuchs» meint es gut, und wer nicht vor lauter Hochmut ganz verblendet ist, vermag das auch zu sehen.

Der Reiter und das sprechende Tier, das in die Geheimnisse des Unbewußten einführt und den Weg zu der verborgenen «Königsstadt», zum eigentlichen Selbst[34], ermöglicht, ist gleichfalls ein gern verwandtes Motiv der Märchen und der Mythen. Im Bild des wissenden Tieres und seines Reiters kommt eine Einheit zum Ausdruck, in der das Ich mit seinem Unbewußten völlig verschmolzen ist, allerdings noch nicht so, daß diese Einheit schon endgültig verwirklicht wäre, vielmehr derart, daß die innere Geschlossenheit, das Bündnis,

beschrieben wird, durch welches der Prozeß der Selbstfindung ans Ziel gelangen kann. So reitet in den synoptischen Evangelien der Messiaskönig nach einer alten Weissagung (Sach 9,9) auf einem Esel in das heilige Jerusalem ein, oder es trägt im Märchen von «Ferenand getrü und Ferenand ungetrü» (KHM 126) ein Zauberpferd den Helden mit Hilfe anderer Tiere ans Ziel (vgl. KHM 89: Die Gänsemagd); und in der Gestalt der Zentauren in der griechischen Mythologie verschmelzen Tier und Reiter sogar zu einer unauflösbaren Lebenseinheit[35]. Der Sinn all dieser Kombinationen ist stets der gleiche: eine seelische Einheit soll versinnbildet werden, die ihrer Vollendung, der seelischen Ganzheit, entgegenstrebt.

Einen Moment lang sieht es nun so aus, als wenn der dritte Königssohn tatsächlich auf eine ebenso rasche wie einfache Weise ans Ziel gelangen könnte, und würde er sich nur korrekt genug an die Anweisungen des «Fuchses» halten, so könnte er sich wirklich alsbald in den Besitz des ersehnten «Vogels» bringen. Dieser nämlich, so erklärt der Fuchs, befindet sich in einem Schloß[36], das von einer Schar schlafender Soldaten «bewacht» wird; man muß nur hineingehen und den Vogel mitnehmen – so leicht wäre alles; allerdings darf man um keinen Preis den hölzernen Käfig des goldenen Vogels gegen den daneben hängenden Prunkkäfig aus Gold eintauschen; doch gerade dieses Verbot ist das eigentlich Schwierige. Zu spät wird der Königssohn den Grund der Warnung begreifen: der Vogel wird mit durch-

42

dringendem Schrei die Palastwache auf-
wecken, und diese wird ihn verhaften,
und der König des Schlosses wird ihn
hernach nur freigeben, wenn er ein goldenes Pferd, das schneller läuft als der
Wind, an seinen Hof zu bringen weiß.
Man muß sich, mit dem Königssohn,
fragen, was es mit diesen rätselhaften
Verwicklungen auf sich hat.

Der goldene Vogel und die goldenen Äpfel galten bisher als ein Symbol der Seele bzw. des Selbst. Es zeigt sich indessen, daß diese Bestimmung nur ihren
allgemeinen Inhalt wiedergibt, innerhalb dessen sie das Ziel und die Richtung des ganzen Weges an seinem Anfang wie an seinem Abschluß markie-
ren: in gewissem Sinne geht alles von
dem «Goldenen Vogel» aus und führt
auch wieder zu ihm zurück, und insofern bleibt die bisherige Symboldeutung
voll und ganz in Geltung. Aber diese
allgemeine Bedeutung kann und muß
jetzt präzisiert werden. Im Symbol des
«Goldenen Vogels» schwingt tatsächlich noch eine andere Nuance mit, die
sich vor allem aus der Gegenüberstellung zu dem unmittelbar danach er-
wähnten «Goldenen Pferd» ergibt.

Von *Pferd wie Vogel* gilt, daß sie in ihrer
Unscheinbarkeit belassen werden müs-
sen, soll sich nicht unfehlbar ein Un-
glück ereignen. In dieser Gegenüber-
stellung und Parallelisierung der beiden
Tiere dürfte weder das «Pferd» noch der
«Vogel» für sich allein die Gesamtper-
sönlichkeit symbolisieren – obwohl das
«Pferd» an sich die gleiche symbolische
Bedeutung annehmen kann wie der
«Fuchs», und obwohl der Vogel sicher-

lich *auch* die verlorene Seele, das unent-
deckte Selbst im Gegensatz zum «König», zum Bewußtsein, bedeutet. Vielmehr wird man im «Pferd» jetzt in der
Tat, wie in den tausenderlei Tieren der
Mythen, Märchen und Träume sonst,
ein Symbol für die noch unintegrierte
Welt der Triebe sehen; der «Vogel» aber
wird dann in der Gegenüberstellung
zum Pferd *auch* – und jetzt vorwiegend
– ein Symbol des Geistes, der freischwe-
benden Gedanken, der Welt der Ideale
sein.

Diese Deutung des «Vogels» als eines
Symbols des Geistes steht zu der anderen nicht in Widerspruch, wonach er als
ein Symbol des «Selbst» verstanden werden muß; im Gegenteil: das «Selbst»,
die wahre Gestalt der eigenen Persönlichkeit, ist der Inhalt auch des Geistes
und der idealen Ziele; aber der «Vogel»
verkörpert das «Selbst» nicht in seiner
Realität, sondern der Idee nach, als geistige Vorstellung, und so ist er von
vornherein auch ein Symbol des Geistes[37]. Mit «Geist» ist jetzt freilich nicht
mehr die Intellektualität oder Rationalität des «Königsich» gemeint, sondern
ein Denken, das umfassender, persönli-
cher und wahrer ist[38]. In philosophischer Diktion ist der «Vogel» etwa das,
was bei Hegel als die «Idee an sich» vor
ihrer Verwirklichung in der Realität bezeichnet wurde[39]: die geistige Wahrheit
einer Person oder Sache, die objektiv besteht und bereits subjektiv gewußt
wird, aber sich eben noch nicht im äußeren Leben durchgesetzt hat.

Die Aufgabe des dritten Königssohnes
bestünde dem Bild vom goldenen Vogel

zufolge also zunächst in der Heimfüh-
rung des «Geistes», und diese, könnte
sie gelingen, wäre wirklich bereits der
Abschluß des ganzen Weges zu sich
selbst. In der Sprache der Philosophie
und der Psychoanalyse könnte man den
Griff nach dem goldenen Vogel auch als
«Selbsterkenntnis» bezeichnen. Der «Vogel», die Seele, der Geist, ist dabei sowohl der Ort wie der Gegenstand der
Erkenntnis, und diese selber scheint an
sich nicht schwer zu sein. Aber das Hindernis dabei liegt offensichtlich in der
gleichen Schwierigkeit wie bei dem
«Wirtshaus» am Anfang des Weges:
man mag ruhig vorweg im allgemeinen
akzeptiert haben, daß der Weg zu sich
selbst keinen Aufenthalt in «Pracht und
Herrlichkeit» mehr duldet; schwer wird
es trotzdem sein, diese Erkenntnis nun
auch im einzelnen, im «Schloß» der unbewußten Welt der Psyche, zu bestäti-
gen. Denn natürlich erwartet das Königsich, daß es sich selbst auf dem
Wege der Selbsterkenntnis als etwas
Großartiges und Prachtvolles zu sehen
bekommt, und wirklich enthält sein Inneres so viel an Wertvollem und Schö-
nem, daß das Symbol des goldenen Vogels vollauf gerechtfertigt ist. Aber das
Ich muß seiner ganzen bisherigen Aus-
richtung nach auf das heftigste dagegen
protestieren, daß es, nach einem Wort
der Bibel, den inneren Reichtum nur
«in irdenen Gefäßen» hält (2 Kor 4,7).
Es verlangt geradezu danach, mit dem,
was an sich wertvoll ist, auch nach außen hin prunken zu können; es will sich
nicht damit begnügen, daß etwas in
ihm selber wahr und schön ist, – es

möchte damit auch andere beeindrukken, und sofort verbindet es die Frage, wie etwas an sich selber ist, mit der ganz anderen Frage, wie etwas bei anderen «ankommt»; und es ist eine bittere Wahrheit des Märchens, die es hier zu lernen gibt: daß, wer nur bei anderen «ankommen» will, niemals bei sich selber ankommt. Dem «Vogel», der Seele, tut es weh, wenn sie aus ihrer unscheinbaren Wahrheit gerissen und in den sprichwörtlichen «Goldenen Käfig» gesperrt wird.

Will man sich wiederum inhaltlich vom alltäglichen Leben her verdeutlichen, worum es hier geht, so braucht man nur an die Angst und die Abwehr zu erinnern, die vor allem am Anfang den Fortschritt einer Psychotherapie mit der ständigen Frage zu blockieren pflegen: «Aber was werden denn die anderen von mir denken?», oder: «Wie kann ich denn mit dieser Entdeckung vor die anderen hintreten?» Insbesondere wird der alte Macht- und Herrschaftswille jede neu gefundene Wahrheit bei sich selber in eine noch verbesserte Waffe des Ruhms und der Geltung verwandeln.

Ein protestantischer Theologe z. B.[40] sah sich aufgrund heftiger Angstzustände und entsprechender psychosomatischer Symptome außerstande, weiterhin am Sonntagmorgen vor der versammelten Pfarrgemeinde die «Wahrheit des Christentums» zu verkünden. Er hatte mit Recht den Eindruck, daß er bisher als Prediger gerade deshalb einen solchen Erfolg gehabt hatte, weil er es verstand, in routinierter Weise eine Sprache zu finden, die bei den Leuten mit Sicherheit «ankommen» mußte, während er selbst innerlich in seinen Worten überhaupt nicht lebte.
Im Grunde waren es gängige, seelenlose Phrasen, die er mit modischem Geschick vor sich und den anderen als göttliche Weisheit drapierte. So viel Angst ihm seine psychische Erkrankung bereitete, so verstand er

wohl, daß sein äußeres Tun viel zu seelenlos war, um noch weiter in dieser Weise leben zu können, und er faßte seine «Krankheit» ganz richtig als einen inneren Boykott gegen die Äußerlichkeit seines seelsorglichen Betriebes auf. Nach und nach wurde er sich auch bewußt, welche Gedanken, Einsichten, Ziele und geistigen Möglichkeiten in ihm selber schlummerten. Bis zu diesem Punkte machte die Therapie noch keine Schwierigkeiten. Aber fortan unterlag dieser Pastor zunächst immer wieder der Versuchung, all seine richtigen Erkenntnisse in eine neue «Verkündigung» umzusetzen. Statt die eigene Wahrheit erst einmal für sich selbst nach Hause zu tragen, begann in ihm sogleich das alte Räderwerk der Überlegungen zu arbeiten, was für eine ungeheure Bedeutung doch seine – in der Tat «goldwerten» – Erkenntnisse für die Theologie und für die Verkündigung haben müßten. Jedes Stück eigener neu entdeckter Wahrheit stand somit gleich in der Gefahr, durch eine vorschnelle Abzweckung für andere in eine Unwahrheit verwandelt zu werden. Im Bild des Märchens: kaum war der goldene Vogel gefunden, so sollte er sogleich in einen goldenen Käfig gesteckt werden. Es dauerte lange, bis dieser Theologe eines Tages erklärte, jetzt verstehe er zum erstenmal, warum Jesus im Markus-Evangelium nach seinen Wundern immer wieder Schweigen geboten habe und vor dem Andrang der Menge förmlich geflohen sei wie vor einer lebensbedrohenden Gefahr…

Sobald der «Vogel» in den «Goldenen Käfig», sobald also die Seele aus ihrer Unauffälligkeit in die Gefälligkeitsschablonen des schönen Aussehens gesperrt wird, sitzt das Ich auf seinem Wege zu sich selber augenblicklich fest. Die Verhaftung durch die bisher schlafende Palastwache ist das beste Bild für das Gefühl der Angst, des Blockiertseins, der Verkrampfung, des Auf-der-Stelle-Tretens, das sofort die stolzen Voreiligkeiten des jüngsten Königssohnes bestraft. Die Unfähigkeit, die geistigen und seelischen Kräfte einmal so gelten zu lassen, wie sie wirklich sind, der langgeübte Zwang, sofort alles und jedes nach außen hin zu präsentieren und zur

Schau zu stellen, hat jedoch noch eine andere Folge: *die Verstörung der Triebe.* Der König, der im Schloß des goldenen Vogels herrscht, läßt den Prinzen nur frei, wenn er das goldene Pferd zurückbringt; übersetzt in die psychische Erfahrung: das verstörte Denken, die schreiende Not eines nicht in der Wahrheit, sondern im Prunk gehaltenen Geistes kommt nur zur Ruhe, wenn zunächst die Welt der eigentlichen Lebensbedürfnisse, der Triebe, aufgesucht und «zurückgebracht» – also integriert – werden kann; statt mit erhabenen Einsichten und Gedanken aufzuwarten, muß der Prinz als nächstes erst einmal das *Pferd* suchen gehen; nichts stimmt in seinem Denken, solange er nicht gelernt hat, in seinen Sehnsüchten, Wünschen, Leidenschaften und Affekten heimisch zu werden.
Die Art, wie das geschehen könnte, ist nach den Weisungen des «Fuchses» wiederum die nämliche wie zuvor: die Aufgabe ist eigentlich nicht schwer, und nur eine einzige Gefahr wäre zu meiden: dem goldenen Pferd den goldenen Sattel zu verpassen. Aber soll man den Königssohn einen ausgemachten Toren schelten, daß er auch diese Anweisung des «Fuchses» fahrlässig mißachtet? Man macht sich selten klar, wie schwer es ist, das Königsich mit seiner Sucht nach Selbstbestätigung auch nur ein bißchen zu der selbstverständlichen Bescheidenheit zu bringen, die für die Wahrheit und für jede Art von Selbsterkenntnis unerläßlich ist. Es wirkt bereits wie eine Wohltat, die eigenen Triebe als ein «Pferd» dargestellt zu finden –

als etwas Edles und in sich bereits Domestiziertes also, nicht als etwas Raubtierhaftes, Wüstes oder Ekliges – kein wilder Stier, kein Drache, keine Kröte, wie sie in anderen Märchen oft erscheinen[41]. Aber so leicht es scheinen könnte, einfach aufzusitzen und die neu gewonnenen Triebkräfte sinnvoll einzusetzen, so spielt doch wiederum die alte Icheinstellung des Stolzes und des Prunkes erneut dem Königsich einen üblen Streich.

Jener Pastor z. B., nachdem er das «Verkündigen» erst einmal drangegeben hatte, bemerkte selbst, daß seine wirklichen Probleme nicht allein im Denken lagen, sondern, bei tieferer Betrachtung, in der Verdrängung seiner Triebe. Er fand, daß er bisher weitaus zu angepaßt, willfährig und ehrpuzzelig, viel zu bemüht um das kritikfreie Wohlwollen aller anderen, kurz: viel zu wenig aggressiv gewesen sei. Im Bild vom «Pferd» gesprochen, mußte er sich sagen, er habe nie gewagt, mal jemanden «vors Schienbein zu treten». Desgleichen hatte er, um nicht als «Weiberhengst» zu gelten, auf den Kontakt zu Frauen niemals Wert gelegt, oder vielmehr, er hatte solcherlei Beziehungen als etwas Niedriges, Entehrendes, Anrüchiges und jedenfalls Gemeines voll Angst sein Leben lang gemieden. Die Sexualität galt ihm bisher tatsächlich als eine Art von «Roßkur», die er meistern werde; und wenn er es dabei auch nur zu einem nicht sehr keuschen Umgang mit sich selbst gebracht hatte, so wirkte er nach außen hin doch fast wie ein holzgeschnitzter Heiliger der Gotik. Je weiter er sich nun in das «Schloß des Goldenen Pferdes» hineintraute, desto einverstandener wurde er damit, auch in seinen Triebenergien etwas «Goldenes», Wertvolles und Bejahenswertes zu erblicken; aber wieder verdarb er sich alles, indem er jedes Stück Triebenergie, das er für sich zurückgewann, nicht dazu benutzte, es auf sinnvolle Ziele hinzulenken und sich damit etwas mehr Glück und Freude zu verschaffen, sondern vielmehr dazu, vor den anderen mit seiner neu gewonnenen Stärke zu protzen und ringsum zu verkünden, was alles er jetzt bereits auf die Beine stellen könne. Der «goldene Sattel», das Angeben mit seinen erwachenden Energien, die Ichaufblähung, war ihm vorderhand weit wichtiger als das «Pferd» – und von neuem saß er, ganz nach dem Vorbild des Königssohns im Märchen, auf der Stelle

wieder in der Klemme. Die geweckten Triebe fingen an zu «wiehern» und holten alsbald die «Stallknechte» aus ihrem Schlaf – zwischen Triebwunsch und Zensur fand er sich, jäh und erschrocken, statt besser, noch viel auswegloser und verzweifelter denn je, bejammerte sein Mißgeschick und mochte kaum noch hören, was der «Fuchs» ihm hätte sagen können: daß ganz allein sein Stolz und Geltungsstreben ihn neuerlich in die Misere gebracht hatten.

Die Reinigung der Seele und das Verbot des Abschieds

Indes, so sehr der «Königssohn» sich auch am Ende seiner Möglichkeiten fühlt – seine Verzweiflung schafft doch nur die Nötigung, noch ein Stück tiefer in die sonderbare Welt des «Fuchses» einzudringen. Der Weg wird sich dem Königssohn im Gefängnis seiner Triebe öffnen, wenn er sich aufmacht, um «die schöne Königstochter vom goldenen Schloß» herbeizuschaffen; er wird mit anderen Worten aus der Gefangenschaft der «Stallknechte», die das Wiehern des «Goldenen Pferdes» geweckt hat, aus der Zwickmühle der Triebe und ihrer erniedrigenden Abhängigkeit nur herausfinden, wenn er die Gestalt der «Königstochter» für sich gewinnt: wenn er die Liebe lernt; dann erst wird er den Weg zurück antreten dürfen und sein Wollen und Denken, das «Pferd» und den «Vogel», als etwas mitnehmen können, das ihm selber zugehört.

Das Bild von der Jungfrau im nächtlichen Bad ist vor allem in der Mondmythologie der Völker weitverbreitet[42]. Der Mond gilt dort als ein wunderschönes Mädchen, das im Weltenozean in

der Zeit des Neumondes sich reinigt und verjüngt, um schöner denn je in den Palast des Himmelsvaters zurückzukehren. In die kurze Zeit des Neumondes verlegte man auch gern das Motiv von der flüchtigen Liebschaft zwischen Sonne und Mond, die nicht selten, wie im Märchen vom «Goldenen Vogel», als etwas Verbotenes, Heimliches, als ein Brautraub oder als ein Diebstahl geschildert wurde[43]. Psychologisch ist die Gestalt der Jungfrau ein Symbol der anima[44], und in diesem zentralen Bild ist in der Tat all das enthalten, was der «Königssohn» jetzt lernen muß, um nach Hause zurückzufinden.

Eigentümlich ist bereits das Motiv, aus dem heraus der «Fuchs» noch einmal seinem unbotmäßigen Adepten aus der selbstverschuldeten Kalamität herauszuhelfen bereit ist. «Ich habe Mitleiden mit dir», sagt er. Vergegenwärtigt man sich die Lage des Königssohnes, so ist sie allerdings des Mitleids, nicht, wie noch am Anfang, des Vorwurfs wert. Denn durch seine Eitelkeit und die Äußerlichkeit seines Denkens hat der Königssohn seine Triebansprüche wieder zu früh «vergolden» und zur Schau stellen wollen, und er hat dabei erfahren müssen, daß er weit davon entfernt ist, seine quasi animalischen Bedürfnisse in Pracht und Schönheit wohldressiert vorführen zu können; die Wahrheit ist, daß er sich plötzlich auf primitivste Weise eingekerkert fühlt.

So gibt es für ihn wirklich nur den Ausweg eines mitleidigeren Umgangs mit sich selbst. Wenn er der Herrschaft der «Stallknechte» entkommen will, müßte er sich immer wieder von der Stimme seines eigenen Wesens, von dem «Fuchs», sagen lassen, er brauche gar nicht von sich zu verlangen, daß er seine Triebansprüche auf Anhieb schon gemeistert habe: er kann weit mehr Geduld mit sich haben, als er bisher aufzubringen vermochte; vor allem darf er sich seine eigene Jämmerlichkeit und Erbärmlichkeit rundum eingestehen. Es ist das erstemal, daß er nach einem anderen *Menschen* auf die Suche gehen muß – nicht mehr nur nach einer Sache oder einem «Tier», und er weiß jetzt, daß er um seiner Freiheit willen unbedingt einen anderen Menschen sich «erobern» muß. In dieser Perspektive haben seine Wünsche, Leidenschaften und Begierden eine Richtung und ein Ziel, und es ist tatsächlich ein Akt des Mitleids mit sich selbst, sich dieses Verlangen nach der Liebe eines anderen zuzugeben. Ein bißchen mehr an Güte sich selber gegenüber steht am Beginn des Weges zur Eroberung der «Jungfrau».

Auf der *Subjektstufe* der Deutung ist das Bild der Geliebten zunächst nicht die Person einer Frau, zu der man äußerlich eine Beziehung aufnimmt. Das, was jemand am anderen besonders liebgewinnt, ist psychologisch vielmehr zunächst meistens das, was er selbst in sich trägt. Die Mondjungfrau im Bad ist tiefenpsychologisch eine Gestalt, die unbewußt als *anima-Symbol* verdichtet, was in der Tageshelle des Bewußtseins nicht hat leben können. Wenn bisher immer wieder im Bild des «Vogels» und des «Fuchses» von der verlorenen «Seele» gesprochen werden konnte, so zeigt dieses Symbol der Jungfrau zweifellos am tiefsten und am menschlichsten, wonach der Königssohn im letzten suchen muß. Es geht darum, sich auf gerade diejenigen Schichten in sich selber einzulassen, die in der Welt der «männlichen» Zielsetzungen gänzlich zu kurz gekommen sind. War der Lebensaufbau des «Königs» bisher, wie wir vermutet haben, durch den Zwang zu Aktivität, Leistung, Rationalität und willentlicher Durchsetzung gekennzeichnet, so wird in der Gestalt der «anima» sich eine Reihe von entgegengesetzten Strebungen geltend machen, die man als eher «weibliche» Eigenschaften ansprechen kann: die Dinge nicht durch Handeln zu verändern, sondern sie in sich aufzunehmen und im eigenen Inneren wirken zu lassen; etwas nicht durch Anstrengung nach außen zu erobern oder zu verteidigen, sondern durch das eigene Sein zu verkörpern und darzustellen; die anderen nicht durch den Intellekt zu besiegen, sondern durch Wärme und Güte für sich zu gewinnen usw.[45] Es kann sein, daß als «anima» auch in der äußeren Realität wirklich eine Frau geliebt wird, die das extreme Gegenteil der eigenen Berufseinstellung und der alltäglichen Lebensführung verkörpert – gerade deshalb wird eine solche Frau oft wie schicksalhaft anziehend auf das männliche Bewußtsein wirken. Was in Romanen als «Liebe auf den ersten Blick» bezeichnet wird, ergibt sich fast immer aus dem unmittelbaren Eindruck, in dem anderen seien gerade die Eigenschaften und Fähigkeiten besonders verwirklicht, die man im eigenen Leben so sehr vermissen läßt[46]. Das Gefühl, den anderen zu seiner eigenen Ergänzung wie lebensnotwendig zu brauchen, die ausbruchartige Heftigkeit, mit der ein Mann auf eine Frau reagiert bzw. umgekehrt, die traumwandlerische Sicherheit, mit der man sich zum anderen gerade in seiner Andersartigkeit hingezogen fühlt – all das sind deutliche Kennzeichen einer anima-Liebe. Wenn man die Nähe des anderen braucht, um sich selber näher zu kommen, dann sicherlich langt man am «Schloß der schönen Königstochter», an den verborgensten Bezirken seiner eigenen Seele an.

Entsprechend sind die sonderbaren Ratschläge des «Fuchses» zu verstehen: der Königssohn solle nachts, wenn alles still ist, auf die Königstochter, wenn sie im Bade ist, zuspringen und ihr einen Kuß geben; dann werde er sie mit sich fortführen können, und er dürfe ihr nur nicht gestatten, von ihren Eltern Abschied zu nehmen. Wiederum wird dem Königssohn ein Stück Unbedenklichkeit und Unreflektiertheit zugemutet: er muß tun, was ihm sein Herz eingibt, er darf nicht mehr der zaudernden Wenn-und-Aber-Logik des Verstandes folgen; er wird die anima-Geliebte nur gewinnen, wenn er den Mut hat, seine Angst und seine Bedenken dranzugeben, und wenn er spontan die Regungen seiner Liebe zu befolgen wagt. Der «Fuchs» verlangt ein Handeln, das wie schamlos, zudringlich und frech erscheinen muß und das sich, jedenfalls von außen her betrachtet, mit Moral und Anstand schwer verträgt; aber es geht jetzt auch nicht um Moral im äußeren Verständnis, sondern darum, endgültig das zu bejahen, was im eigenen Herzen wahr ist, und zu glauben, daß an dieser Stelle, angesichts der Gestalt der «anima», die Sprache des Gefühls untrüglich richtig ist.

Heinrich von Kleist hat in seinem berühmten Drama «Das Käthchen von Heilbronn» die innere Wahrheit und Notwendigkeit einer solchen anima-Liebe beschrieben. Käthchen (mit symbolischem Namen «Friedeborn»), als es dem Grafen vom Strahl begegnet, sinkt vor ihm nieder «leichenbleich, mit Händen, wie zur Anbetung verschränkt, den Boden mit Brust und Scheitel küssend»[47], und es bleibt dem Geliebten vom ersten Augenblick an wie unter einem Zauberbann verfallen. «Es ist», läßt Kleist den Grafen vom Strahl über diese Art der Liebe sagen, «mehr als der bloße sympathetische Zug des Herzens; es ist irgend von der Hölle angefacht, ein Wahn, der in ihrem Busen sein Spiel treibt»[48] – oder vielmehr, es ist, vom anderen Ende her, eine göttliche Fügung und himmlische Glückseligkeit, es ist eine Traumliebe des gleichen Wesens und der gleichen inneren Bestimmung, welche die Liebenden zueinander treibt: derselbe Traum, in dem Käthchen unter der Führung eines Cherubs zu dem ihm vom Schicksal bestimmten Ritter geleitet wurde, längst ehe es ihm in der äußeren Wirklichkeit begegnete[49], offenbart zugleich dem Ritter vom Strahl die Gestalt eines Engels, der ihn zu seinem Mädchen führt[50] und ihm versichert, daß das armselige Käthchen in Wahrheit des Kaisers Tochter sei[51]. Die scheinbare Niedrigkeit der anima-Geliebten erweist sich also in Wirklichkeit als verborgene Ebenbürtigkeit und nur noch nicht wahrgenommene Gleichartigkeit. Das Zeugnis des Herzens straft an dieser Stelle mithin das Urteil des Verstandes ebenso Lügen wie das Urteil des Augenscheins und sogar das Urteil der äußeren Moralität. – Diese Macht und Bedeutung der anima-Gestalt scheint der «Fuchs» vor Augen zu haben, wenn er dem Königssohn zur Kühnheit eines unbedingten Handelns rät.

Das «Bad» der Mondjungfrau ist tiefenpsychologisch ein mehrschichtiges Symbol. Es drückt natürlich vor allem den sinnlichen Reiz und die unwiderstehliche Schönheit der entblößten Geliebten aus; gleichwohl ist es auch ein Zeichen für die Notwendigkeit einer inneren *Reinigung* und *Wiedergeburt.*
In vielen Märchen besitzt die anima-Jungfrau ein entstelltes, häßliches Gesicht, das, wie der dunkle Mond, von seinen Flecken reingewaschen und erlöst werden muß[52]. Im Märchen vom «Goldenen Vogel» ist das nicht der Fall, was wieder dafür spricht, daß hier die Gegensätze zwischen Bewußtsein und Unbewußtem trotz aller Spannungen nicht zu ihrer äußersten Heftigkeit gesteigert dargestellt sind; ganz fehlen aber kann das Motiv der Reinigung auch hier nicht. So faszinierend die Gestalt der anima erlebt wird, es bedarf doch in jedem Fall in der eigenen Psyche einer gewissen Läuterung, um sie ganz annehmen und heimführen zu können. Gerade weil die anima vornehmlich die bislang unterdrückten, unentwickelten und undifferenziert gebliebenen Anteile der Psyche repräsentiert, ist in ihr vieles enthalten, was erst für sich selbst geklärt, präzisiert und bewußt gemacht werden muß.
Das «Bad» ist aber nicht nur ein Zeichen der Reinigung, sondern zugleich der *Wiedergeburt,* ein Symbol für den Beginn eines wirklichen Lebens[53]. In jeder anima-Liebe wird der Eindruck vorherrschen, als fange in gewissem Sinne das Leben noch einmal von vorne an und als beginne man jünger und frischer zu leben als je zuvor. In der Gestalt der anima verdichten sich gerade die unverbrauchten, jung gebliebenen Daseinsmöglichkeiten, und sie vermögen ein seelisch festgefahrenes, überaltertes und liebeleeres Leben wieder in Gang und Schwung zu bringen. Kleist's Graf vom Strahl in seinem dreitägigen Fiebertraum etwa drückt das so aus: er besitze «kein Mädchen, das fähig wäre, ihn zu lieben... Leben aber ohne Liebe sei Tod»; die Welt nennt er deshalb ein Grab, aber dieses Grab nennt er eine Wiege und meint, «er würde nun erst geboren werden»[54]. – Das Bad der Jungfrau ist daher, ganz wie im Christentum das Sakrament der Taufe, sowohl ein Bild der Reinigung als auch der Auferstehung eines Lebens, das sich in seinen Hoffnungen getäuscht und schon dem Tode nahe fühlte.
Von daher kann es wohl nicht wundernehmen, daß der Ratschlag des «Fuchses» eine im Grunde religiöse Weisheit verrät, die sich wörtlich auch in den Evangelien findet: es ist untersagt, jetzt, wo der endgültige Schritt zu einem eigentlichen Leben gewagt sein will, noch zuvor von den Eltern und Hausgenossen *Abschied* zu nehmen (Lk 9,61).
Nicht wenige Märchen warnen davor, bei der Begegnung mit der anima-Gestalt durch Zögern, Müdigkeit und fahrlässiges Nachgeben Zeit zu verlieren und die gesetzte Frist des Aufbruchs zu verpassen[55]. Dieses häufige Motiv bedarf einer gewissen Erläuterung. Die anima-Gestalt, solange sie im «Wald», im «Schloß», im Unbewußten bleibt, ist nicht das Ziel, sondern der Wendepunkt der inneren Bewegung. Schrittweise, unter immer neuem Zwang und Leidensdruck, mußte der Königssohn bisher zum Schloß der schönen Königstochter hingeleitet werden; der ganze

erste Teil des Märchens stellt die Entwicklung dieses gefährlichen, mühevollen Wegs nach innen dar; in psychoanalytischer Diktion ist alles, was bislang berichtet wurde, der Abschnitt einer notwendigen *Regression* zu den bislang verschlossenen Quellen des Lebens[56]. Zum Erleben der Regression aber gehört stets zweierlei: man fürchtet sich zunächst, wie der Königssohn im Märchen, vor dem Abstieg nach innen, und man möchte ihn am liebsten vermeiden oder zumindest um jeden Preis abkürzen; lediglich wenn es gar nicht mehr anders geht, läßt man sich auf den unvermeidlichen nächsten Schritt ein. Auf der anderen Seite bringt die Regression jedoch auch eine große Erleichterung mit sich, und vor allem gegen Ende der Bewegung wird es immer verlockender, im Reich des Unbewußten und der Träume zu verbleiben. Gerade die Wünsche und Sehnsüchte, die bisher so viel Angst verbreitet haben, erscheinen jetzt wie eine einzigartige Quelle des Glücks, und die Versuchung ist groß, sich in der Welt der Träume und des Unbewußten einzurichten, die äußere Realität darüber zu vergessen und den Weg zurück in die Welt des Bewußtseins nicht mehr zu finden. Leicht gerät man dadurch in die Gefahr, nach außen hin jede Verantwortung fahren zu lassen und schließlich Dinge zu tun, die wie Wahnsinn anmuten und nicht selten tatsächlich zerstörerisch sind[57]. Das war denn auch der Grund, weswegen S. Freud in seiner «Abstinenzregel» es kategorisch untersagte, während der Dauer einer Psychoanalyse irgendwelche Entscheidungen

zu treffen, die nur einem Ausruhen in der Welt des Unbewußten gleichkämen[58].

Die eigentliche Aufgabe lautet demgegenüber jetzt, die Gestalt der anima in die Welt des «Königs» zurückzubringen, also das ungelebte Leben mitsamt seinen völlig konträren Wünschen mit den realen Forderungen des Alltags, des Berufs, des Bewußtseins zu versöhnen. Die regressive Bewegung muß jetzt umgekehrt werden, damit die neu gefundenen Energien *progressiv* dem wirklichen Leben schöpferisch und produktiv dienstbar gemacht werden können. Was bisher nur geträumt, gefühlt, gewünscht oder ersehnt wurde, muß in der äußeren Realität verwirklicht werden. Und diese ruckartige Wende von der inneren Regression in die aktive, wieder nach außen gerichtete Gestaltung ist schwer und hart; sie geht kaum ohne Tränen und Niedergeschlagenheit vonstatten; es ist ein Abschiednehmen voller Bitterkeit, und während eben noch die Stimmung erfüllt schien von Begeisterung und Freude, von überwältigender Leidenschaft und Tatkraft, bricht jetzt mit einem Mal eine Traurigkeit aus, die schon die nachfolgende Krise vorbereitet.

Der Wunsch der Königstochter nach Abschied von den «Eltern» ist sicherlich an dieser Stelle nicht einfach eine Forderung der Rücksicht und der Kindesliebe; es handelt sich um ein Symbol. Die «Eltern» stehen hier für das Verlangen nach Geborgenheit und Halt, nach Anerkennung und Bestätigung, für ein Stück Kindlichkeit des Ich, die noch

nicht überwunden wurde. Das Ich muß sich jetzt von dem Wunsch losreißen, bei anderen Autoritäten um Genehmigung des eigenen Tuns anzuhalten; es muß nunmehr zu einer Haltung finden, die ihm zunächst wirklich wie frevelhaft und rücksichtslos erscheint; aber es muß lernen, die Frage nach und nach ganz zu vergessen, was die «Eltern» bzw. was andere als Nachfolger der Elternautorität von ihm selber denken. Es mag sich eine Zeitlang einreden, daß es mit seinem «Abschied» von den «Eltern» die Bitte um Erlaubnis seiner Freiheit ja nur noch stelle, um sich den Übergang zu einem eigenen Leben zu erleichtern; aber in Wahrheit gibt es hier nur ein Entweder-Oder, ein inneres Sich-Losreißen oder ein Haftenbleiben. Insofern ist es ein schwerer Fehler, der Königstochter den Abschied zu erlauben; gleichwohl erscheint es wie ein Akt des Mitleids, daß der Königssohn auf Gewalt verzichtet und der weinenden Jungfrau nachgibt.

Das Bild des *schlafenden Vaters* ist ein beliebtes Bild für ein Über-Ich, das sich vermeintlich zur Ruhe gelegt hat und jedenfalls nicht mehr die Kraft und den Willen besitzt, den neu einzuschlagenden Lebensweg durch Schuldgefühle zu blockieren[59]. Insofern stünden dem «Königssohn» und seiner Geliebten jetzt alle Wege offen. Aber indem die Königstochter ihren «Vater» und alle anderen im Schloß aufweckt, kommt es zu einer ganz anderen Situation: mit einem Mal steht fest, daß der Weg der Liebe zusammen mit dem Prinzen auf jeden Fall verhindert werden muß, daß der Königssohn eingesperrt gehört und hinter Schloß und Riegel gefangen zu setzen ist. Die Rückwendung zu den Autoritäten, zur Absicherung durch das wohlwollende Geleit der Eltern führt also, wie der «Fuchs» es kommen sah, lediglich dazu, den ganzen Plan, der nur in der Stille der Nacht, verstohlen, wie eine Flucht, hätte gelingen können, auf das schlimmste zu vereiteln. Der Vater des Mädchens findet den Prinzen des versuchten Brautraubs schuldig und läßt ihn wie einen gemeinen Delinquenten inhaftieren. Was sich in der Traurigkeit der Loslösung bereits andeutete, bricht jetzt in aller Schärfe herein: der Schritt zur Liebe und zur inneren Befreiung wird vom Vater der Geliebten, vom «Eltern-Ich»[60], wie ein Verbrechen bestraft, und erneut ist die gesamte Entwicklung im Getto der Schuldgefühle blockiert. Nicht nur, daß der Aufbruch mit der anima-Geliebten nicht gebilligt wird, der Vater sorgt sogar für eine strenge Trennung seiner Tochter vom Königssohn.

«Und sprächest du zum Berge: Hebe dich hinweg...»

Es gibt freilich auch jetzt wieder ein Mittel, der selbstverschuldeten Klemme zu entgehen. Der König verlangt, innerhalb von acht Tagen den Berg vor dem Fenster seines Schlosses abzutragen – dann werde der Königssohn die Prinzessin sein eigen nennen dürfen; anderenfalls werde er beim König auf immer in Ungnade bleiben.

Auch dieses Motiv von der an sich *unerfüllbaren Bedingung* oder tödlichen (Heraus-)Forderung seitens des Vaters der Geliebten ist in den Märchen und Mythen der Völker häufig vertreten, und es hat daher in der Psychoanalyse der Schule S. Freuds geradezu als ein weiterer Beleg für die vermeintlich universelle Geltung des Ödipuskomplexes gegolten[61]. Tatsächlich ist das Moment des Liebesverbotes, der uneingeschränkten Inanspruchnahme der Tochter durch den Vater, im Märchen vom «Goldenen Vogel» an dieser Stelle deutlich zu erkennen. Die harte Strafe für den nächtlichen Entführungsversuch der schönen Geliebten verfolgt aber im Grunde einen tieferen Sinn, und man hat besonders hier den Eindruck, als wenn der «Königssohn» all die Kurzschlüssigkeiten und Fehler seines sonderbaren Weges wirklich erst begehen müßte, um gerade so schließlich das Richtige zu tun. Sicher: wenn es dem Prinzen gelungen wäre, die Geliebte durch seinen überraschenden Kuß unauflöslich für sich zu gewinnen und mit ihr zu entkommen, so wäre er der falschen Abhängigkeit und am Ende sogar der moralischen Verurteilung seitens der im «Vater» verkörperten Welt des Über-Ich entgangen; dafür wäre ihm seine Liebeswerbung aber auch gar zu leicht gemacht worden, und es ist ihm an sich durchaus zuzumuten, daß er sich die Gunst der geliebten Prinzessin erst einmal durch eigene Anstrengung verdient. Tatsächlich entsteht jedoch gerade daraus sogleich das nächste Dilemma: wie kann man sich Liebe verdienen?

Das Paradox ist leicht zu formulieren: jede moralische Instanz, die gesellschaftliche Norm, ja schon der tierische Instinkt verlangen, je auf ihrem Niveau, daß ein Brautwerber bestimmte Eigenschaften und Fähigkeiten nachweisen und aufbieten muß, um der Liebe würdig zu werden. Daraus scheint sich wie von selbst zu ergeben, daß die Liebe einer begehrten, schönen und verehrungswürdigen Frau zu erringen einer außerordentlichen Anstrengung gleichkommt und daß man tunlichst alle Kräfte darin investieren muß, sich durch beeindruckende Leistungen als ihr Geliebter zu empfehlen. Selbst das Unmögliche scheint zu diesem Zwecke nicht zuviel verlangt, und wirklich macht sich ja der Königssohn zunächst auch unermüdlich sieben Tage lang an das befohlene Werk – ein Zeitmaß, das, wie schon erwähnt, wohl wiederum der Mondmythologie entstammt[62]. Die Aufgabe, die ihm gestellt ist, *muß* der Königssohn erfüllen, oder er wird im Kerker der Unfreiheit und Ungeliebtheit jämmerlich zugrunde gehen; unablässig wird ihm die Aufgabe seines Lebens buchstäblich wie ein Berg vor Augen stehen und ihm jede Sicht und jeden Ausblick rauben. Trotzdem mag der Prinz sich anstrengen wie er will – es bleibt die Eigentümlichkeit der Liebe, daß man sie nicht verdienen kann.

Jeder, der sich in seinem Selbstwertgefühl beeinträchtigt sieht und den Zwang verspürt, durch besondere Anstrengungen sich und den anderen erst beweisen zu müssen, daß er doch die Zuneigung der Geliebten verdient, wird nach einer gewissen Zeit bemerken, daß ihn all seine Leistungen um nichts dem eigentlichen Ziele näher bringen. Im Gegenteil, oft macht gerade erst der Wunsch, mit aller Kraft die Zuneigung eines anderen zu erringen, die eigene Person derartig überspannt, verkrampft und lächerlich, daß man statt der erhofften Liebe nur den Spott und die Verachtung aller anderen ernten wird. Wenn es nun gar darum geht, die Ansprüche einer Vaterinstanz, eines Über-Ich zu erfüllen, das gegen die eigenen Liebesfähigkeiten bereits von vornherein die schwersten Einwände und Hindernisse, Verurteilungen und Schuldgefühle erhebt, so befindet sich der «Königssohn» wiederum in einem vollendeten Teufelskreis: er wird bei aller Anstrengung niemals dahin gelangen, den gestellten Forderungen des «Vaters» der Geliebten nachzukommen. Entmutigung, Resignation und Hoffnungslosigkeit suchen ihn heim; er muß sich selbst verloren geben.

Die Lektion, die der «Königssohn» an dieser Stelle lernt, ist zweifellos die bitterste, aber auch die wichtigste von allen. Wenn wir uns zu Beginn des Märchens den «König» im Garten der goldenen Äpfel als das Portrait eines Mannes vorgestellt haben, der gerade durch die Einseitigkeit seines Leistungswillens, seiner Seelenlosigkeit und seiner Rationalität sich in seinen Lebensansprüchen wie bestohlen vorkommen muß, so kann die endgültige Befreiung der anima-Geliebten in der Tat nur die Form annehmen, daß der gesamte Leistungswille, der Anspruch des Ich, es

könne das Entscheidende selbst machen und vollbringen, zunächst bis zum Aberwitz herausgefordert wird, um endlich ein für allemal an der Unerfüllbarkeit der eigenen Zielsetzungen zu zerschellen. So betrachtet, ist der «Vater» der schönen Prinzessin nur eine andere Seite des Vaters, der am Anfang des Märchens seine Söhne aussandte, um den goldenen Vogel zu fangen, und er verkörpert in seinen Überforderungen nur, woran jener selber litt. Die Not des Ich, an den Selbstvergewaltigungen einer ständigen Überforderung zugrunde zu gehen, findet hier ihren Ausdruck – und ihren Ausweg.

Nach dem endgültigen Zusammenbruch des Leistungswillens meldet sich nämlich erneut der «Fuchs» zu Wort und empfiehlt dem überarbeiteten und entmutigten Prinzen, sich hinzulegen und zu schlafen; er selbst, der Fuchs, werde alles erledigen. Man muß hier wiederum im Grunde religiöse Einsichten bemühen, um zu verstehen, was mit diesem rätselhaften Ratschlag gemeint ist. Im Neuen Testament beispielsweise ist mehrfach die Rede von einem Vertrauen, das buchstäblich «Berge» versetzen könne (1 Kor 13,2 u. a.). Gegenüber der Unfruchtbarkeit menschlicher Angst und äußerlicher Krämergesinnung fordert Jesus im Evangelium seine Jünger auf: «Habt Glauben an Gott! Wahrlich, ich sage euch: Wer zu diesem Berge sagt: Hebe dich hinweg und stürze dich ins Meer, und nicht zweifelt in seinem Herzen, sondern glaubt, daß alles geschieht, was er sagt, dem wird es geschehen» (Mk 11,22.23). Geradeso

hier. Das Wunderbare an der Begebenheit mit dem «Berg» liegt nicht darin, daß der Fuchs imstande wäre, das riesige Hindernis vor dem Fenster in einer Nacht abzutragen; wunderbar ist es vielmehr, daß der Prinz, nachdem ihm alles verloren scheint, zu einem derartig sorglosen Vertrauen findet und auf das Geheiß des «Fuchses» hin ruhig einschläft. In dieser Zeit des Nicht-Handelns lernt er das Allerwichtigste: das Zutrauen zur Liebe. Denn der entscheidende Schritt zur Liebe, der ihm bislang wie ein nicht wegzuräumender Berg, wie eine überdimensionale Leistungsforderung erschien, ist in Wahrheit, wenn man der Stimme des «Fuchses» folgt, nach Ansicht dieses Märchens überhaupt keine Angelegenheit von Anstrengung und Willensanspannung, sondern gerade umgekehrt: eine Frage des Ruhigwerdens und des Vertrauens. Um die schöne Herzenskönigin zu gewinnen und sie auf den Weg nach Hause als Gefährtin mitnehmen zu können, muß man nicht noch Besseres, Größeres und Tüchtigeres vorzuweisen haben, es kommt im Gegenteil entscheidend darauf an, zu glauben, daß im wesentlichen die eigene Person gut genug ist und das Wichtigste «von selbst» geschieht, aus der Kraft des eigenen Wesens (des «Fuchses») und nicht aus der Anspannung des Willens und der Leistung der eigenen Hände. Es geht darum, jenseits des Zusammenbruchs des eigenen Leistungsvermögens ein Vertrauen in die Güte, die Richtigkeit, ja sogar in die Liebenswürdigkeit des eigenen Wesens aufzubringen und sich darüber zu beruhigen, daß im gleichen Maß, wie dies Vertrauen wächst, der Berg vorm Fenster von allein verschwinden wird. Was bisher als Wirkung des eigenen Tuns gesucht wurde, ergibt sich jetzt von selbst als Wirkung des eigenen Wesens. «Wer auf den Zehen steht,» meinte der chinesische Weise Laotse einmal, «steht nicht fest. Wer mit gespreizten Beinen geht, kommt nicht voran. Wer selber scheinen will, wird nicht erleuchtet. Wer selber etwas sein will, wird nicht herrlich. Wer selber sich rühmt, vollbringt nicht Werke. Wer selber sich hervortut, wird nicht erhoben. Er ist für den *Sinn* wie Küchenabfall und Eiterbeule. Und auch die Geschöpfe alle hassen ihn.»[63] Damit der «*Sinn*» (das Tao) erfahren wird, muß man gegen die Hektik der Angst und gegen den Zwang des ständigen Selbstbeweises denken können: es genügt, dazusein, und was ich wirklich bin, ist unendlich viel wichtiger, als was ich tue. Dieses Gefühl, sich ausruhen zu dürfen, läßt durch sich selbst den «Berg» verschwinden, der im Bewußtsein der eigenen Niedrigkeit und Unzulänglichkeit mit aller Anstrengung nicht abzutragen ist. Nur wer sich selbst ein Stück vertraut, kann das Vertrauen haben, die Liebe eines anderen zu verdienen, und also muß er sie nicht mehr «verdienen».

«... und nur, die Gewalt anwenden, reißen es an sich»

Wer freilich aus dieser Einsicht folgern wollte, der Königssohn könne sich also tatenlos dem Schicksal überlassen, sieht sich schon bald getäuscht. Zwar ist der Prinz tatsächlich in gewissem Sinne bereits am Ziel: «Das Beste hast du», sagt der Fuchs, als sich der Königssohn mit der Geliebten auf den Heimweg macht; aber der Rückweg ist nicht minder schwierig als der Hinweg, und es bleibt noch eine Menge übrig zu lernen.

Es kommt vor allem jetzt darauf an, von dem Bild der Geliebten her die alten Triebansprüche und die Denkausrichtung neu zu ordnen. Der Königssohn verfügt in der Person der anima jetzt wohl schon über eine hinreichende Vorstellung von dem, was an ihm wertvoll ist, was er als wesentlich für sich und für sein Leben ansehen will, was er selbst für ein Mensch ist, wo er den Schwerpunkt und das Zentrum seines Lebens hinverlegen will – kurz: was ihn eigentlich belebt und was sein Dasein innerlich «beseelt». Aber dies Wissen hindert nicht, daß seine Triebansprüche, daß das «Goldene Pferd» sich nach wie vor in einem Stall befindet, der dem Prinzen nicht gehört, und daß ihm auch der Flug seiner Gedanken im Symbol des «Goldenen Vogels» noch so lange fremd bleiben wird, als er nicht durch die Liebe zu der schönen Königstochter das «Pferd» zum «Vogel» bringen und beide samt der Königstochter mit sich nach Hause führen kann[64].

Die Jungfrau auf dem goldenen Pferd ist, wie schon oben angedeutet, ein Bild der Einheit mit sich selbst, ein häufiges und gern gesehenes Symbol dafür, daß Trieb und Liebe eine Einheit bilden und einander nicht mehr ausschließen, bekämpfen oder widersprechen. Doch die Aufgabe, dahin zu kommen, ist nicht leicht zu lösen, und man begreift jetzt gut die eigentümliche «Erziehung der Gefühle», auf die der «Fuchs» während der ganzen Rückreise so großen Wert zu legen scheint.

Es gilt als erstes, den «König des goldenen Pferdes» durch einen Trick zur Herausgabe seines «Pferdes» zu veranlassen, indem man ihm die wunderschöne Jungfrau zeigt; sodann muß man das «Pferd» scheinbar gegen die Jungfrau eintauschen, um sich hernach mit Pferd und Jungfrau eilends aus dem Staube zu machen. Die Bedeutung dieser sonderlichen Prozedur wird klar, wenn man sich einmal überlegt, was denn passieren würde, wollte der Königssohn auch jetzt wieder die Weisungen des «Fuchses» in den Wind schlagen. Gesetzt, er zöge mit der Jungfrau ohne das «Pferd» heim, so bliebe er ein unvitaler tatenloser Träumer, der seine innere Gestalt zwar kennt, aber keinerlei Energie aufbringt, danach zu leben; er bliebe ein Platoniker der Liebe, der nach wie vor auf der Hut sein müßte vor den «Stallknechten» seiner ihm fremden, unbeherrschten und gefährlichen Leidenschaften; ein solcher wäre natürlich außerstande, den «Goldenen Vogel» zu erlösen, sein Denken bliebe gleichermaßen «eingesperrt», und alle Anstrengungen und erlittenen Gefahren der Ausreise wären letztlich umsonst. Wenn er dagegen die «Jungfrau» beim «König des goldenen Pferdes» gegen das wertvolle Tier eintauschen würde, dann brächte er eine isolierte Triebhaftigkeit nach Hause zurück, die, wie zum Selbstzweck, auf keine menschliche Person mehr ausgerichtet wäre; die «Jungfrau» würde dann zu einer Gefangenen der «Stallknechte» erniedrigt, und dem «Königssohn» blieben nur noch zwei Wege offen: er könnte das «Pferd» und den «Vogel» zusammenbringen – dann würde er das Denken dazu benutzen, seine Triebbedürfnisse auf tierischem Niveau zu rechtfertigen und zu befriedigen; oder er würde das «Pferd» gegen den «Vogel» eintauschen und sich in die Sphäre freischwebender Ideen und Spekulationen begeben.

Der «Fuchs» schlägt zwischen diesen Lebensunmöglichkeiten den im Grunde einzig richtigen Weg der Vereinigung von anima, Trieb und Intellekt vor: Er will, daß der Königssohn mit der Gestalt der «Jungfrau» das «Pferd» herauslockt und es in Eile mitsamt der Jungfrau wegführt. Die Triebe sollen weder verdrängt noch isoliert geltend gemacht werden; sie sollen von der «Jungfrau» gezügelt und gelenkt werden.

Dazu ist freilich wiederum ein erhebliches Maß an Entschlossenheit vonnöten, und alles muß so rasch und überfallartig geschehen, daß sich der «König des goldenen Pferdes» wie betrogen vorkommen muß: es wird den Trieben nicht gelingen, die schöne Jungfrau wie ihr Eigentum bei sich zu behalten, sie werden im Gegenteil wie in Eile, energisch und im Bewußtsein der Gefahr auf dem Weg nach Hause vorangetrieben. Das ganze Verfahren kommt einem inneren Gewaltakt gleich, aber während jedes Zögern oder ängstliche Auswei-

chen in der Tat auf eine ständige Selbstunterdrückung und Selbstvergewaltigung hinauslaufen müßte, reißt diese Bewegung einer stoßweise konzentrierten Energie, einer ruckhaften Gewalt, die Kraft der Triebe mit sich, weist ihnen ihr Ziel und zwingt sie mit Nachdruck auf den einzigen Weg, der wirklich dahin führen kann, bei sich selbst am Ende heimisch zu werden.

Wieder ist es ein Satz der Religion, der diesen Sachverhalt verdeutlichen hilft. In dem rätselhaften «Stürmerspruch» des Matthäus-Evangeliums spricht Jesus einmal von der Gewalt, die dem Himmelreich zugefügt werde, und er erklärt dann, nur Gewaltsame rissen das Himmelreich an sich (Mt 11,12). Das Wort ist in sich dunkel; aber setzt man voraus, daß die religiöse Bezeichnung «Gottesreich» empirisch dem entspricht, was in der Tiefenpsychologie als «Selbstfindung» bezeichnet wird[64], so kann man sagen, daß es in dem Jesus-Wort um die gleiche Erfahrung geht, wie an dieser Stelle des Märchens: der Weg, um bei sich selber anzukommen, liegt bereits deutlich vor dem Königssohn; seine «Seele» ist bereits «gerettet»; jetzt aber gilt es, *mit Gewalt* die Energie der Leidenschaften mit einem festen Auftrag zu verbinden und sie in die Botmäßigkeit der schönen Königstochter zu bringen.

Das gleiche Verfahren muß der Königssohn noch einmal anwenden, wenn es darum geht, den *«Goldenen Vogel»* zu gewinnen. Auch die Kraft seines Denkens muß auf eine wirkliche Aufgabe gerichtet werden, bei deren Erfüllung die See-

le, die Leidenschaft des Gefühls und die Klarheit des Intellekts zusammenwachsen können. Die letzte Stufe der Erlösung wird betreten, wenn man imstande ist, die im Grunde zentral religiöse Forderung des Daseins zu erfüllen: es solle etwas geben, dem man aus ganzem Herzen, ganzem Denken und aus ganzer Kraft sich widmen könne (Dtn 6,4; Mk 12,30), und zwar sein ganzes Leben lang.

Der mitleidige Reinfall und das Erwachen der Freude

Spätestens jetzt könnte man meinen, der Königssohn sei endgültig ans Ziel seiner langen Reise gelangt, und tatsächlich scheint dies auch der «Fuchs» zu denken. Er verkörperte bisher die *unbewußte* Weisheit der Psyche; er besaß Kräfte und Fähigkeiten, die dem Ich als übermenschlich, fremd und schlechterdings geheimnisvoll vorkommen mußten. Jetzt aber, wo das Ich alle Bereiche seiner «Hinterwelt» besucht und ihre Kräfte um sich her versammelt hat, äußert der «Fuchs» das Verlangen, selbst zur Belohnung in seiner fremden Gestalt «aufgelöst» zu werden. Er hätte fortan eigentlich nichts mehr zu sagen, was nicht als zutiefst menschlich klar erkennbar wäre. Insofern ist die Bitte des «Fuchses» gut verstehbar, seine Tiergestalt zu zerstückeln, also die Unbewußtheit seiner verborgenen Weisheit, die sich immer wieder bestätigt hat, durch «Analyse» aufzuheben und in der Auflösung sich selber anzueignen. Der «Königssohn» aber verweigert diese Bitte, – aus Mitleid und aus Dankbarkeit, erklärt er; in Wahrheit wird man, jedenfalls noch an dieser Stelle, sagen müssen: er weist die Bitte nur aus Schwäche und Bequemlichkeit zurück. Damit verpaßt er eine Chance, die zu ergreifen äußerst wichtig wäre; denn weil er sich den «Fuchs» nicht *jetzt* zu eigen macht, gerät er auf der Stelle wiederum in die Gefahr, buchstäblich mit dem «Fuchs» zugleich von allen guten Geistern auf einmal «verlassen» zu werden.

Gerade das neue Gefühl, es bereits «geschafft» zu haben, führt nämlich jetzt eine Gefahr herauf, gegen die sich der «Königssohn» um so weniger behaupten kann, als er sich nunmehr von ganz und gar edlen und anerkennenswerten Motiven geleitet glaubt. Näherhin geht die Krise, vor der beim Abschied der «Fuchs» ihn noch ausdrücklich warnt, von den «Brüdern» aus, die in der ganzen Zwischenzeit wie vergessen schienen; und sie besteht darin, daß jetzt, wo das Ergebnis aller Bemühungen schon fast vollständig eingebracht ist, die alten Haltungen des Hochmuts und des Leistungsstolzes noch einmal alles verderben können.

Fast immer läuft man am Ende des langen Weges der Selbstfindung, z.B. am Ende einer Psychotherapie, das Risiko, auf die bestandenen Gefahren, auf die Werte und den Reichtum, den man ohne Zweifel im Verlauf des langen Weges gewonnen hat, sich etwas Besonderes zugute zu halten[66]. Das Ich steht jetzt vor der Frage, wie es mit den neuen Einsichten und Fähigkeiten um-

gehen will, und es wird zweifellos eine große Neigung spüren, sozusagen den neuen Wein in die alten Schläuche zu schütten (Mk 2,22); es wird am liebsten in alter Frische auftrumpfen mögen und seine Äußerlichkeit, sein Macht- und Erfolgsstreben, seinen rationalen Stolz mit den neuen Kleidern und Begriffen von «Seele», «Integration», «Selbst» usw. zu kaschieren suchen. Die Aufarbeitung des Unbewußten kann sich dann in ein erneutes Instrument der Ichdurchsetzung verwandeln, und selbst das gesamte Vokabular der Tiefenpsychologie und der Religionen kann schließlich allein dazu dienen, im Bild des Märchens, *am eigenen Hof* die heimgebrachten Kräfte des Unbewußten zu vergewaltigen. Die beiden «älteren Söhne» des «Königs» verdrängen dann den heimkehrenden «Jüngsten», der mit seinem Mitleid, seiner Harmlosigkeit und seinem Vertrauen in der Tat wie prädestiniert dazu erscheint, von den anderen «hereingelegt» zu werden.

Bei seiner Rückkehr, so erzählt das Märchen, findet der jüngere Königssohn seine beiden Brüder in der Gefahr, als Herumtreiber am Galgen aufgehängt zu werden. Dies ist fürwahr nun ein Finale, das man mit den Augen des «Fuchses» hätte voraussehen können und das den üblen Burschen nur zu gönnen wäre. Folgt man der tiefenpsychologischen Schule L. Szondis, so ist der (Selbst-)Mord durch Erhängen eine bevorzugte sadistische Tötungsart, die als Hauptbedürfnis gerade das Streben nach Macht und aktiver Männlichkeit widerspiegelt[67]. Der Tod der beiden älteren Brü-

der wäre daher als ein Tod eben der Tendenzen zu verstehen, die den Beginn des ganzen Dilemmas im «Königsgarten» ausmachten, und das Aufhängen wäre gerade als die Art zu betrachten, durch die das ständige Hoch-hinaus-Wollen des «Königs» und seiner beiden älteren «Söhne» sich die eigene Katastrophe bereitete. Aber der «jüngste Sohn» besitzt nicht die innere Härte, die es kosten würde, die uralte Einstellung der «älteren» Geschwister endgültig ihrem Schicksal zu überlassen, und aufgrund seines falschen Mitleids erlebt er alsbald selber seinen «Reinfall» in den «Brunnen».

Der Brunnenabsturz des Jüngsten läuft, ähnlich wie in der biblischen Geschichte von Josef und seinen Brüdern (Gen 37,24), auf eine komplette Verdrängung *des* Seelenteils hinaus, der allein imstande ist, sich auf die Sprache des Unbewußten einzulassen und dem «Fuchs» zu folgen, oder der, wie der ägyptische Josef, die Bilder der Träume und inneren Visionen richtig zu deuten vermag. Diese entscheidende Fähigkeit der Psyche wird jetzt vom Hochmut der Älteren ins Unbewußte zurückgestoßen; sie allein werden sich fortan für eine Weile rücksichtslos im Herrschaftsbereich des Bewußtseins, am «Hofe» des «Königs», an die Macht bringen.

Das Ergebnis der Brüderherrschaft ist jedoch vollends paradox. Überträgt man noch einmal die Bildersprache des Märchens in die psychisch beobachtbare Wirklichkeit, so muß man sich den «König» mit seinen beiden älteren Söhnen nebst den heimgebrachten Geschenken: der schönen Jungfrau, dem goldenen Pferd, dem Vogel und den gestohlenen Äpfeln, als einen Mann vorstellen, der sich selber eigentlich in- und auswendig kennt; gleichwohl scheint dieser Mann völlig außerstande, den neu gewonnenen geistigen Besitz seiner selbst praktisch auch nur ein bißchen mehr für sich selbst zu nutzen. Was ihm vollkommen fehlt – und woran man den Fehler seiner Lebenseinstellung am besten erkennen kann, – ist das Element der Freude. Es gibt im Grunde nach dem langen Weg des jüngsten Sohnes nichts mehr, was dem «König» in seinem Inneren noch gänzlich fremd erscheinen könnte; aber solange an seinem «Hofe», im Umkreis des Bewußtseins, die alten Icheinstellungen das Regiment führen und der jüngere Sohn absichtlich ferngehalten wird, gehört der König sich trotz des Bewußtseins seiner selbst im Grunde nach wie vor ganz und gar nicht. Denn alles, was er ist und von sich weiß, dient, wie am Anfang der Erzählung, dem blanken Herrschaftswillen, dem Selbstbeweis und dem Gewinn von Ruhm und Ansehen. Ein solcher Mann kann im wirklichen Leben womöglich ein ausgezeichneter Dozent der Psychologie, der Theologie, der Poesie, der Menschenführung oder welcher Fächer auch immer sein; er vermag unter dem Anschein eigener Erfahrung andere zu lehren, wie man lieben muß, wie man sich beherrschen und wie man seine Gedanken ordnen sollte; die Kenntnis der Psyche steht ihm im weitesten Maße zur Verfügung, aber er nutzt sie nach wie vor nur zum Erwerb von Er-

folg, Ruhm und Ansehen. In Wahrheit ist er sogar jetzt noch ärmer dran als zuvor, wo er die Wahrheit um sich selber noch nicht kannte. Selbst vermag er nach wie vor durchaus nicht wirklich zu lieben, nicht wahrhaft zu denken und sich nicht ernsthaft zu disziplinieren – er vermag statt dessen mit dem Reden von Liebe Erfolg zu haben, er vermag mit seinen Ideen zu reüssieren, und er vermag mit der kraftvollen Geschlossenheit seines Auftretens andere zu beeindrucken; aber all das steht auf einem ganz anderen Blatt. Nach außen hin mag das Leben eines solchen Mannes tatsächlich nach den Worten des Märchens wie eine «große Freude», wie ein beneidenswertes Glück, wie ein vorbildliches, gemeistertes und großartiges Leben dastehn; in Wahrheit jedoch stimmt das alles nicht: das «Pferd», die eigenen Bedürfnisse, verhungert; der «Vogel», die Welt der Gedanken, besitzt keinen Schwung, kein Lied – in dieser Welt kommt nichts von innen; und die vom jüngsten Sohn geliebte schöne Frau sitzt einsam da und weint. Das innere Geheimnis und die Wahrheit eines derartigen Lebens ist Hunger, Seelenlosigkeit und Traurigkeit – die alten Krankheiten, nur auf einer entwickelteren, neuen Stufe.

Zum Glück ist allerdings, so hören wir, die Fähigkeit zur Demut im «König» doch nicht ganz erstorben. Bereits die Traurigkeit am Königshof verrät, daß es im Leben eines solchen Menschen so wie bislang nicht ewig bleiben kann, und das Regime der beiden älteren Brüder ist nur ein letztes schlimmes Inter-

mezzo. Der «Reinfall», den der jüngste Sohn am Brunnenrand erlitt, war tief und schwer, aber doch «ohne Schaden», «weich». An seinen Kräften selbst ist nichts zerbrochen worden, wenn es ihm nur gelingen könnte, sich endgültig ans Tageslicht zu bringen und zum Hof seines Vaters Zugang zu bekommen. Aber gerade die Haltung, die dieser dritte Sohn verkörpert, kann von sich aus nicht in der Art «nach oben» drängen, wie seine Brüder das vermögen. Ist es für diese selbstverständlich, sich groß hervorzutun und aufzuspielen, so ist der Jüngste gerade dazu außerstande[68], und wäre nicht erneut der «Fuchs» zur Stelle, so gäbe es für ihn nicht einmal mehr die Chance eines Entkommens. Aber in gewisser Weise liegt die Stärke des Jüngsten gerade in seiner Schwäche: indem er immer wieder an seinen eigenen Möglichkeiten verzweifelt, sieht er sich stets vollkommen auf die Weisungen und Hilfen des «Fuchses» angewiesen, und eben diese Fähigkeit, auf seinen treuen Retter und Begleiter trotz aller Widerstände schließlich doch zu hören, scheint ihre wesentliche Voraussetzung gerade in diesem «Mangel» an Selbstsicherheit und arrogantem Herrschaftswillen zu haben. Letztlich ist es wieder der ohnmächtige dritte Sohn, der sich in Wahrheit durchsetzt und auf die Dauer zum «Erfolg» kommt.

Zwischen dem jüngsten Bruder und den beiden älteren besteht jetzt nur noch ein scharfes und unerbittliches «Ihr oder ich». Die Haltungen, die sie verkörpern, sind inzwischen einander derart entgegengesetzt, daß da, wo die einen sind, der andere sich unter Todesgefahr nicht blicken lassen darf, und umgekehrt bedeutet die bloße Ankunft des Jüngsten letztlich die Hinrichtung der beiden Älteren. Der «König», das Ich, muß jetzt ein für allemal und endgültig die Wahl treffen zwischen Hochmut oder Demut, zwischen Herrschen oder Horchen, zwischen Handeln oder Vernehmen, zwischen Macht oder Freude, zwischen Erfolg oder Erfüllung, und vor diese Wahl gestellt, kann er letztlich nur finden, daß die Entscheidung unter dem Einfluß des «Fuchses» im Grunde längst vorweg getroffen ist. Der jüngste Sohn muß sich zwar unbemerkt und unerkannt in den Thronsaal seines Vaters einschmuggeln, aber sobald er dort erscheint, hört auf der Stelle die schöne «Jungfrau» auf zu weinen, das «Pferd» beginnt zu fressen, und der «Vogel» hebt zu singen an.

Auch dies ist eine eigentümliche Wahrheit: daß wir das, was am meisten Freude bringen könnte, zunächst nur wie verstohlen an unser Leben heranlassen und es auf der Stelle umbrächten, wenn wir bemerken würden, daß es etwas mit uns zu tun hätte und uns womöglich unvermeidlich und sehr wesentlich beträfe. Nicht durch einen willentlichen Entschluß oder eine bewußte Entscheidung gelangen wir zu unserem Glück, sondern was uns glücklich macht, erwächst schließlich wie gegen unseren Willen aus dem am Anfang scheinbar Bettlerhaften und Armseligen unseres Ich. Erst an seinen Wirkungen merken wir eines Tages, daß etwas gegen unseren Widerstand in unser Inneres vor-

drungen sein muß, das in uns alles verändert, und dann erst, wenn die Würfel eigentlich schon längst zugunsten eines geheimen, aber nie gänzlich erstorbenen Willens zur Freude gefallen sind, erkennen wir dieses Etwas als ein Stück von uns selbst an: das äußerlich an uns so Bettelarme ist jetzt das wahrhaft Königliche und das bisher Verächtliche das wahrhaft Liebenswerte.

Die schöne Jungfrau ward mit dem dritten Königssohn vermählt, erzählt das Märchen. Dieses Symbol der Heiligen Hochzeit[69] am Schluß unzähliger Märchenerzählungen macht das Bündnis zwischen Bewußtsein und Unbewußtem fortan unzertrennbar und auf ewig gültig. Die beiden anderen Brüder indessen, die das Märchen an dieser Stelle im wahrsten Sinn des Wortes «gottlos» nennt, werden unverzüglich abgeurteilt und hingerichtet; ihre Herrschaft, die das Glück hochmütig zwar verhieß, aber in Wahrheit nur verhindern konnte, wird endgültig beseitigt. Inhaltlich ist es jetzt ein und derselbe Vorgang, die Hochzeit mit der schönen Jungfrau einzugehen und, umgekehrt, die Brüder hinzurichten. Freude – das ist sowohl die restlose Beseitigung des Hochmuts als auch die dauernde Vereinigung des Ich mit seiner «Seele».

«...den Weisen und Klugen verborgen, den Kleinen aber geoffenbart»

Nur eines noch bleibt jetzt dem Königssohn zu tun: er muß den «Fuchs» totschießen und zerstückeln. Man ver-

steht, warum das erst jetzt möglich ist, und es ist zugleich deutlich, daß der Königssohn vorher sich lediglich herausgeredet hat, als er mit hohen Worten seine Dankbarkeit und sein Mitleid vorschützte, um den «Fuchs» nicht zerstückeln zu müssen. Wäre die «Dankbarkeit» ein wirklicher Hinderungsgrund gewesen, so müßte dieses Motiv inzwischen noch weit mehr in die Waagschale fallen als zuvor. Statt dessen wird man sagen müssen, daß der «Fuchs» im Bilde der Zerstückelung tatsächlich so lange nicht «analysiert» und vermenschlicht werden konnte, als die beiden älteren Brüder noch am Leben waren. Ihr Stolz erlaubte es nicht, die unbewußte Vernunft der Psyche, die der «Fuchs» verkörperte, in ihrer Menschlichkeit kennenzulernen, und bis dahin konnte der «Fuchs» wirklich nur die Rolle eines ichfremden Lückenbüßers in selbstverschuldeten Notlagen einnehmen. Erst jetzt fällt die fremde Gestalt der Unbewußtheit von ihm ab, und er gibt sich als «Bruder» der schönen Königstochter zu erkennen. Auch dieses Verwandtschaftsverhältnis leuchtet jetzt ein. Ist die «Königstochter» als Symbol der *anima* zu verstehen, so beschreibt der ganze Weg, der zu ihrem verborgenen Palast und dann an ihrer Seite nach Hause zurückführte, den langen Weg der Selbstfindung; auf diesem aber war der «Fuchs», den wir als Wesensgewissen verstanden haben, der ständige Führer, Begleiter und Retter; die «Königstochter» und der «Fuchs» sind daher in der Tat wie zwei Geschwister, die voneinander wiederum nach «weiblich» und «männlich» unterschieden sind, nach Ziel und Weg, nach Sein und Tun, nach Wesensbild und Wesensauftrag.

Betrachtet man von diesem Ende her abschließend den gesamten Weg des Märchens, so müßte man es zweifellos eher das Märchen vom «Fuchs» als das Märchen vom «Goldenen Vogel» nennen. Es ist die Weisheit des «Fuchses», die das Märchen schildert und preist – der «Vogel» ist nur ein Teil des Weges und ein Teil der Psyche. Aber welcher Art ist *die Weisheit des «Fuchses»?*

Geht man noch einmal die einzelnen Stadien des Märchens durch, so hat man den Eindruck einer in sich vollkommen geschlossenen Entwicklung, innerhalb deren kein Detail zufällig, vermeidbar oder überflüssig ist. Die Vermenschlichung des «Fuchses» am Ende des Märchens beschließt einen Weg, dessen Ziel in eben der Vermenschlichung der Psyche besteht. Wer diesen Weg zur Menschlichkeit beschreiten will, der wird vor allem sein Vertrauen in die Allmacht des Verstandes fahren lassen müssen; er wird erstaunt, erschrocken und bestürzt zur Kenntnis nehmen müssen, daß ihn das Urteil des Verstandes gründlich in die Irre führen kann und

daß es letztlich nicht damit getan ist, sich seinen eigenen Lebensweg selbst auszuklügeln. Weit wichtiger ist es, nach innen, in sich selbst hineinzuhorchen und auf die Stimme einzugehen, die sich im Herzen jedes Menschen von seinem eigenen Wesen her an sein Ich wendet. Freilich ist es nicht leicht, auf diese Stimme achtzuhaben. Solange noch ein Funken Hochmut in uns wohnt, werden wir diese Stimme möglichst überhören, auslachen, verdrängen oder geradewegs bekämpfen. Allein die eigene Schwäche, das Gefühl der Ohnmacht und der Ausweglosigkeit, lehrt uns nach und nach, bescheidener zu werden; und mehr und mehr werden wir dankbar für den treuen «Fuchs», der als ein zuverlässiger Seelengeleiter uns den Weg zeigt, auf Gefahren hinweist und trotz allen Ungehorsams immer von neuem zum Mut zur Wahrheit anspornt. An jeder Stufe unserer Entwicklung wartet die Stimme dieses «Fuchses», unseres eigenen Wesens, und zeigt uns Ziel und Richtung. Und doch scheint es bei weitem nicht genug, daß wir die Stimme hören; wir müssen offenbar erst Schritt für Schritt aus unseren Fehlern lernen, wie unausweichlich

wir der inneren Wahrheit folgen müssen. Am Ende erscheinen selbst die Schuld, der Irrtum und der Ungehorsam mit all der Not und der Verzweiflung, die sie uns bereiten, auf dem Wege zu uns selber notwendig zu sein. Der Weg, den jeder zu sich selber gehen muß, könnte an sich gewiß weit rascher, kürzer und gehorsamer ausfallen; aber ans Ziel gelangt, wird man sich höchstwahrscheinlich sagen müssen, daß es letztlich nicht kürzer ging und daß, die eigene Konstitution vorausgesetzt, sogar die Fehler unvermeidlich waren[70]. Am Ende allen Stolzes wird man sich schließlich sogar seiner Fehler wegen glücklich preisen dürfen. Vor allem aber weiß man dies: es gibt in dieser Welt mehr, als man mit den Augen sieht. Es gilt, den goldenen Vogel und das goldene Pferd und eine wunderschöne Jungfrau zu erlösen. Und sich darauf mit ganzem Herzen einzulassen – das heißt trotz Not und Irrtum menschlich leben. Schließlich darf man den Himmel dafür preisen, daß es im Menschen eine Wahrheit gibt, von der das Evangelium zu Recht sagt: «verborgen vor den Weisen und den Klugen, den Kleinen aber offenbar» (Mt 11,25).

Anmerkungen

[1] «L'Éducation sentimentale»; Titel eines Hauptwerkes von GUSTAVE FLAUBERT, das dieser zwischen 1843 und 1845 in einer ersten und zwischen 1864 und 1869 in einer zweiten Fassung schrieb; dt.: Lehrjahre des Herzens; übers. v. W. Widmer; München 1957.

[2] E. SIECKE: Die Liebesgeschichte des Himmels. Untersuchungen zur indogermanischen Sagenkunde, Strassburg 1892, 11, deutete namentlich die Gans oder den Schwan in zahllosen Märchen und Mythen als «die Sichel des zunehmenden oder abnehmenden Mondes».

[3] E. SIECKE: Über die Bedeutung der Grimmschen Märchen für unser Volksthum, Hamburg 1896, 15, zählt die möglichen Gestalten der Sonnen- und Mondmythologie auf als goldenes Roß, goldener Adler, Geier oder Falke, als goldenes Rad, Mühlstein etc. Auch der Fuchs und seine Zerstückelung ist im allgemeinen ein lunares Motiv; vgl. die Inkamythe von Coniraya bei W. KRICKEBERG: Märchen der Azteken und Inkaperuaner, Maya und Muisca (1928), Düsseldorf-Köln 1968, 218–223.

[4] Die badende Göttin im Weltmeer ist ein sehr beliebtes Motiv der Mondmythologie; «so wird Aphrodite von Erymanthos, dem Sohn des Apollo, im Bade erblickt; Artemis von Aktäon; Nanna von Balder; nach der Völsunga-Sage erblickt Ragnar Sigurds, des Fafnirtödters, Tochter Aslög, ‹als sie sich wusch›.» E. SIECKE: Über die Bedeutung der Grimmschen Märchen, S. 22. Vgl. in der Bibel die Geschichte von Susanna im Bad, Dan 13,1–66. Im Reinigungsbad gewinnt die Mondgöttin Hera ihre «Jungfräulichkeit», d. h. den alten Strahlenglanz zurück; K. KERÉNYI: Zeus und Hera. Urbild des Vaters, des Gatten und der Frau, Leiden 1972, 102. In den Grimmschen Märchen vgl. z. B. das Märchen von der «Gänsehirtin am Brunnen» (KHM 179) oder, parallel dazu, die Geschichten von den Taubenfrauen, L. FROBENIUS: Atlantis. Volksmärchen und Volksdichtungen Afrikas. Veröffentlichungen des Forschungsinstitutes für Kulturmorphologie, München (Frankfurt), Bd. 2: Volksmärchen der Kabylen, Teil 2: Das Ungeheuerliche, Jena 1922, 171–176; ähnlich in der Erzählung von Hassan aus Bassora in der 395.–397. und 405.–407. der «Geschichten aus 1001 Nacht»: I. DREECKEN: Tausendundeine Nacht. Eine Sammlung phantasievoller orientalischer Liebes-, Abenteuer-, Gauner- und Schelmengeschichten; übers. v. G. Weil nach der Breslauer Handschrift (1838–1841); Neufassung von I. Dreecken, Wiesbaden o. J., Bd. 2, 166–173; 190–198.

[5] Zum Weltenberg vgl. E. DREWERMANN: Strukturen des Bösen. Die jahwistische Urgeschichte in exegetischer, psychoanalytischer und philosophischer Sicht,

3 Bde., Paderborn ³1981, Bd. 2, 53; 512; W. LAIBLIN: Wachstum und Wandlung. Zur Phänomenologie und Symbolik menschlicher Reifung, Darmstadt 1974, 260. – Die Siebenzahl wird schon in einem dem Heraklit zugeschriebenen Fragment mit dem Mond in Verbindung gebracht: «Nach dem Gesetze der Zeiten aber wird die Siebenzahl bei dem Monde zusammengerechnet…» (Fr. 126a); H. DIELS – W. KRANZ: Die Fragmente der Vorsokratiker; eingef. v. G. Plambök, Hamburg (rk 10) 1957, 31; entsprechend griffen die Mondmythologen des 19. Jhdts. die Bedeutung der Siebenzahl auf: E. SIECKE: Über die Bedeutung der Grimmschen Märchen für unser Volksthum, Hamburg 1896, 23; nach G. Hüsing ist die Sieben – neben der Neun – eine alte Mondzahl, die aber bereits das Sonnenjahr voraussetzt: G. HÜSING: Die iranische Überlieferung und das arische System, Leipzig 1909; Mytholog. Bibl., hrsg. v. d. Gesell. f. vergl. Mythenforsch., 2. Bd., Heft 2, S. 18; E. DREWERMANN: Strukturen des Bösen, II 79. – Zum goldenen Apfel am (Welten-)Baum als Symbol des Mondes vgl. E. SIECKE: Drachenkämpfe. Untersuchungen zur indogermanischen Sagenkunde, Leipzip 1907; Mytholog. Bibl., 1. Bd., Heft 1, S. 92. – In der Reihenfolge des Märchens vom «Goldenen Vogel» beschreiben der geraubte Apfel, der Vogel, das Pferd und die Jungfrau im Bad demnach die vier Stadien des wiederscheinenden Mondes.

[6] Der «König» ist, subjektal gedeutet, die regierende Instanz der Psyche; er kann als «übergeordnete Persönlichkeit» mit der Gestalt des Alten, des Weisen verschmelzen und das «Selbst» verkörpern: C. G. JUNG: Zum psychologischen Aspekt der Korefigur (1941/1951), in: Werke IX 1, Olten-Freiburg 1976, 204; öfter noch ist er in den Märchen jedoch die Verkörperung einer Ich-Einstellung, die nur die beherrschbare Welt des Bewußtseins anerkennen will; der «König» vertritt dann sowohl den einseitig herrschenden Teil der Psyche als auch ihren Anspruch an sich selbst. In dieser Bedeutung wird der «König» oft als krank geschildert, wie im Märchen vom «Wasser des Lebens» (KHM 97), oder er herrscht über ein Terrain, das auf einen winzigen bekannten Bereich beschränkt ist und von einem Wald voller ungeheuerlicher Gefahren umgeben wird, wie im Märchen vom «Eisenhans» (KHM 136). Zum Motiv «Der König stirbt» (E. Ionesco) vgl. C. G. JUNG: Über die Archetyen des kollektiven Unbewußten (1935/1959), in: Werke IX 1, S. 43–44.

[7] Das Problem des in Not geratenen «Königs» reflektiert stets die Krise eines Erwachsenenlebens – ein deutliches Zeichen, daß viele Märchen ursprünglich weder für Kinder noch von Kindern erzählen.

[8] C. G. JUNG: Die Lebenswende (1931), in: Werke VIII, Olten-Freiburg 1967, 441–460, unterscheidet die expansive, auf Weltaneignung gerichtete erste Lebenshälfte von der intensiven, auf Verinnerlichung und Sinnfindung zielenden zweiten Lebenshälfte. DERS.: Über den Archetypus: Der Animabegriff (1936/1954), in: Werke IX 1, Olten-Freiburg 1976, S. 87, meint, nach der Lebensmitte bedeute «dauernder Animaverlust eine zunehmende Einbuße an Lebendigkeit, Flexibilität und Menschlichkeit»; es entstehe Erstarrung, Eigensinn und Prinzipienreiterei oder Resignation, Müdigkeit, Neigung zu Alkohol, Unverantwortlichkeit usw.

[9] G. SHEEHY: Passages – Predictable Crisis of Adult Life, New York 1974; dt.: In der Mitte des Lebens. Die Bewältigung vorhersehbarer Krisen; übers. v. E. Ortmann; München 1976; Neudruck: Frankfurt (Fischer Tb. 3405) 1978, 287–288, spielt vor allem auf die Krise der «Senkrechtstarter» um 40 an. – Als typische Äußerung einer solchen Krise sagte jemand einmal dem Vf. etwa dem Sinn nach, was viele ähnlich sagen könnten: «Alles wird für mich zu Krampf und Anstrengung… In Frieden leben kann ich nur in den relativ wenigen Zeiten, in denen sich die Frage nach dem Sinn des Ganzen nicht stellt; stellt sie sich aber quälend, ist die Antwort meist: mit dieser Situation werde ich schon fertig – aber daß ich erst 40 bin und also noch 30 Jahre ‹machen› muß, bringt mich manchmal zum Stöhnen. Dabei könnte ich mich durchaus als ‹glücklich› bezeichnen; jedenfalls hätte ich allen Grund dazu: beruflich ‹normal bis erfolgreich›, allgemein nicht unbeliebt, ‹funktionierende› Ehe, materiell eher zu gut als zu schlecht versorgt… Ich kenne die Ursache meines Problems überhaupt nicht. Ich bin doch sonst immer fertig geworden.» Aber eben dies, immer «fertig» geworden zu sein, ist jetzt das Problem.

[10] Zu «Baum» und «Früchten» als weiblichen Symbolen vgl. E. DREWERMANN: Die Symbolik von Baum und Kreuz in religionsgeschichtlicher und tiefenpsychologischer Betrachtung (unter besonderer Berücksichtigung der mittelamerikanischen Bilderhandschriften), Schwerte 1979 (Veröffentlichungen der kath. Akademie Schwerte, hrsg. v. G. Krems), S. 13–21; DERS.: Strukturen des Bösen, Paderborn ³1981, Bd. II 52–69; G. VAN DER LEEUW: Phänomenologie der Religion, Tübingen, 2. durchges. u. erw. Aufl. 1956, 42–46; vgl. E. DREWERMANN – I. NEUHAUS, Das Mädchen ohne Hände (Grimms Märchen tiefenpsychologisch gedeutet), Olten-Freiburg 1981, Anm. 2; 21.

[11] Vgl. YVAN GOLL: Gedichte 1924–1950; ausgew. v. H. Bienek, München (dtv sr 5437) 1976, S. 121: Jo-

hann Ohnelands Identität: «Urenkel ich vom Tantalidenstamme / Der seinen Hundert fremden Gärten klagt / An leeren Augen starb die Herzensflamme / Die nur entschwundner Liebe nachgejagt // … Noch immer ohne Land nach all den Fluchten / Ich bin nicht Kronprinz trotz des Königs Tod / Da stehst du vor mir mit verfaulten Früchten / Baum der Erkenntnis und ich bin ohne Brot».

[12] C. G. JUNG: Zur Empirie des Individuationsprozesses (1934/1950), in: Werke IX 1, Olten-Freiburg 1976, 324; DERS.: Mandalas (1955), in: Werke IX 1, S. 411–414.

[13] So sagte der Oglalla-Schamane Schwarzer Hirsch: «Es ist gut, hier zu erwähnen, daß es nicht ohne Bedeutung ist, daß wir Menschen zusammen mit den Fliegenden zweibeinig sind, denn ihr seht die Vögel die Erde mit ihren Schwingen verlassen, und wir Menschen können diese Welt auch verlassen, nicht mit Schwingen, aber im Geist.» Black Elk: The sacred pipe, written by J. E. Brown; dt.: SCHWARZER HIRSCH: Die heilige Pfeife. Das indianische Weisheitsbuch der sieben geheimen Riten; übers. v. G. Hotz; Nachw. v. F. Schuon u. H. Läng; Olten-Freiburg, 2. erw. Aufl. 1978, S. 84. – Entsprechend kommt im Neuen Testament der Geist wie eine Taube auf Christus herab (Mk 1,10). Wie das Vogelmotiv in der Mond- und Sonnenmythologie meist als Lichtsymbol zu deuten ist (s. o. Anm. 3), so ist es tiefenpsychologisch als ein innerer Lichtträger, als ein Seelenbild zu verstehen. Diese Vorstellung liegt auch wohl dem Mythen zugrunde, daß bestimmte Vögel, wie der afrikanische Senufo-Vogel, als Überbringer des Lebens gelten; A. LOMMEL: Schätze der Weltkunst, 1. Bd.: Vorgeschichte und Naturvölker, Gütersloh 1967, 155. In der Schule Freuds wurde der Vogel als phallisches, erektives Symbol gedeutet, und «die sehnsüchtige Tendenz», die «Aufhebung der Schwere», die das Vogelsymbol verkörpern sollte, wurde zunächst körperorganisch gedacht: P. FEDERN: Über zwei typische Traumsensationen, in: S. Freud (Hrsg.): Jahrbuch der Psychoanalyse, Bd. VI, Leipzig-Wien 1914, S. 128. – C. G. JUNG: Symbole der Wandlung (1952), in: Werke V, Olten-Freiburg 1973, 444–445; 449–450, sah in dem Vogel ein Symbol der Wiedergeburt, des Heraustretens aus dem Unbewußten. Zur Verbreitung des Glaubens an Seelenvögel vgl. O. DÄHNHARDT (Hrsg.): Natursagen. Eine Sammlung naturdeutender Sagen, Märchen, Fabeln und Legenden, Bd. III: Tiersagen, 1. Teil, Leipzig-Berlin 1910, 483–485. – Erinnert sei vor allem an die ägyptische Vorstellung von dem Ba-Vogel, G. ROEDER (Übers.): Zauberei und Jenseitsglaube im Alten Ägypten, Zürich 1961, S. 335.

[14] Der Baum als mütterliches, chthonisches, dunkles, naturhaftes Symbol, aus dem das goldene Licht hervorbricht, verbunden mit dem Vogel als Geist-Symbol, wurde beschrieben von C. G. JUNG: Zur Empirie des Individuationsprozesses (1934/1950), in: Werke IX 1, Olten-Freiburg 1976, 352; 354; 357. Auf die Verbindung des «Vogels» mit der anima weist H. VON BEIT hin: Symbolik des Märchens. Versuch einer Deutung, Bern 1952, 470–471.

[15] Vgl. C. G. JUNG: Versuch einer psychologischen Deutung des Trinitätsdogmas (1942), in: Werke XI, Olten-Freiburg 1963, S. 119–218.

[16] C. G. JUNG: Psychologische Typen (1921), in: Werke VI, Olten-Freiburg 1960, 61; 65; 441; DERS.: Psychologische Typologie (1928), a. a. O., VI 599–600. Die *Dreizahl* steht zumeist für eine Männlichkeit, die auf der Suche nach dem weiblichen Vierten ist; vgl. C. G. JUNG: Zur Phänomenologie des Geistes im Märchen (1946), in: Werke IX 1, Olten-Freiburg 1976, 259–261; DERS.: Antwort auf Hiob (1925), in: Werke XI, Olten-Freiburg 1963, 495–503. – In der Mondmythologie sind es oft drei Schwestern, die als Arsinoe, Hilaeira und Phoibe die drei Mondphasen verkörpern: K. KERÉNYI: Der göttliche Arzt. Studien über Asklepios und seine Kultstätten, Darmstadt 1975, 90–93. – In der *Sonnenmythologie* steht die Dreieinigkeit z. B. bei den Ägyptern für den Sonnenlauf in den Gestalten Chepre, Re und Atum.

[17] So z. B. im «Wasser des Lebens» (KHM 97), in der «Kristallkugel» (KHM 197) oder bei dem «Armen Müllersburschen und dem Kätzchen» (KHM 106) u. ö. – H. von Beit, die in den beiden älteren Söhnen zu Recht die Rolle des «Schattens» repräsentiert sah, hat den König und die drei Söhne denn auch entsprechend als Ich-Bewußtsein (König), die zwei Hilfsfunktionen (ältester und zweiter Sohn, rechter und linker Weg) und als unterentwickelte Funktion (jüngster Sohn, Held, mittlerer Weg) aufgefaßt: H. VON BEIT: Symbolik des Märchens. Versuch einer Deutung, Bern 1952; 352–353; 417. Vgl. E. DREWERMANN – I. NEUHAUS: Das Mädchen ohne Hände, Olten-Freiburg 1981, Anm. 13; 14.

[18] Es gilt die Regel: «… der Befreier oder Erlöser… kommt aus dem Untersten»: C. G. JUNG: Zur Phänomenologie des Geistes im Märchen (1946), in: Werke IX 1, Olten-Freiburg 1976, 265; a. a. O. ist der Erlöser z. B. ein Schweinehirt, wie in dem Gleichnis Jesu vom «Verlorenen Sohn» (Lk 15,11–32), in dem die beiden Brudergestalten offensichtlich einander in ihrer Gegensätzlichkeit bedingen und zur Erlösung zueinander finden müßten.

[19] CLEMENS ALEXANDRINUS (Paed. III 1, 3) z. B. folgerte aus Jes 52,14; 53,2.3, daß der Messias von mißgestalteter Körperlichkeit gewesen sei, ein Mann «ohne Gestalt noch Schönheit» – eine Ansicht, die der heidnische Philosoph CELSUS im 2. Jh. benutzte, um den Christenglauben lächerlich zu machen: ORIGINES: Gegen Celsus, VI 75; übers. v. P. Koetschau, München 1927; BKV Bd. 53; Origines, Bd. 3, 198–199.

[20] C. G. JUNG: Symbole der Wandlung. Analyse des Vorspiels zu einer Schizophrenie (1952; Neubearbeitung von «Wandlungen und Symbole der Libido», 1912), in: Werke V, Olten-Freiburg 1973, 404; 422; 476–477, führte den Begriff der «schwer erreichbaren Kostbarkeit» ein, um das wiedergeborene, eigentliche Leben nach der Erneuerung im «Schoß der Mutter», im Meer des Unbewußten, in der von Gefahren verstellten Höhle im Wald etc., zu bezeichnen.

[21] Mt 13,45–46; das Motiv der *Perle,* die auch als Mandala-Symbol gilt, begegnet zum erstenmal als Blume des Lebens im sumerischen Dilmun-Mythos; G. BIBBY: Looking for Dilmun, New York 1969; dt.: Dilmun. Die Entdeckung der vergessenen Hochkultur; übers. v. G. Kilpper; Reinbek (rororo 7090) 1977, 169.

[22] Der *Wald* ist ein Symbol des Unbewußten, Dunklen, ein Ort der Wiedergeburt; C. G. JUNG: Die psychologischen Aspekte des Mutterarchetypus (1939), in: Werke IX 1, Olten-Freiburg 1976, S. 96; vgl. E. DREWERMANN – I. NEUHAUS, Das Mädchen ohne Hände, Olten-Freiburg 1981, Anm. 12.

[23] *Tiere* waren für S. Freud generell Symbole für (sexuelle) Triebregungen; S. FREUD: Die Traumdeutung (1900–1901), Werke II/III, Frankfurt ¹1942, 362; 414. Ähnlich meint F. LENZ, Bildsprache der Märchen, Stuttgart 1971, 288, der Fuchs repräsentiere «jene Schlauheit, die zunächst als ein selbstverständlicher Trieb im Menschen sich etwas hintergründig darlebt». Aber diese Bestimmung trifft eher auf das «Pferd» zu (s. u. Anm. 41), in dem Lenz ein «Symbol des instinktiven Verstandes» sieht (S. 291); im vorliegenden Märchen verhält es sich gerade umgekehrt: der «Fuchs» weist und lenkt den Weg der Vermenschlichung, das «Pferd» ist nur ein Teil der Psyche.

[24] So bei ÄSOP: Fabeln, Nr. 4; 7; 9; 29; 72; 137; 151; 167; und bei PHÄDRUS: Äsopische Fabeln, I. Buch, Nr. 13 (die berühmte Fabel vom Fuchs und dem Raben); 28; IV. Buch, Nr. 3 (vom Fuchs und den Weintrauben); 9 (vom Fuchs und dem Ziegenbock); ins Deutsche übers. v. W. Binder u. J. Siebelis, München (GGTb. 591) o. J. Zur Verbreitung der Fuchsmärchen vgl. O. DÄHNHARDT (Hrsg.), Natursagen, Bd. IV: Tiersagen, 2. Teil, bearb. v. O. Dähnhardt und A. v. Löwis of Menar, Leipzig-Berlin 1912, 217–262.

[25] C.G. Jung sah in den *Tieren* die angeborenen Instinkte, oft auch Repräsentanten der Eltern als den ausschlaggebenden Mächten der Kindheit, und er meinte, je nach der Bewußtseinseinstellung erschienen die unbewußten Kräfte als angsterregend oder hilfreich; C.G. JUNG: Symbole der Wandlung (1952), in: Werke V, Freiburg-Olten 1973, 227; tatsächlich ist der «Fuchs» eine Macht, deren Leitung sowohl instinktiv als auch absolut schicksalbestimmend ist. Richtig meinte W. Laiblin, der Fuchs repräsentiere «Erdenklugheit», «weibliche Klugheit», «Instinktsicherheit» – gegen die männlich-intellektuelle Hochnäsigkeit; W. LAIBLIN: Wachstum und Wandlung, Darmstadt 1974, 277. – Zur Verbreitung des Motivs vom helfenden Fuchs und dem Lohn, getötet zu werden, vgl. L. MACKENSEN (Hrsg.): Handwörterbuch des deutschen Märchens, Berlin 1934/1940, II 281–290.

[26] Im Sinne der Definition M. Heideggers, die das *Gewissen* von den gewöhnlichen kategorialen Gewissensvorstellungen abhebt: «Das Gewissen ist der Ruf der Sorge aus der Unheimlichkeit des In-der-Welt-Seins, der das Dasein zum eigensten Schuldigseinkönnen aufruft.» Damit verbindet Heidegger sehr richtig die «Bereitschaft zur Angst» und das Ende des «Geredes» des «Man»: «Das Gewissen ruft nur schweigend, das heißt, der Ruf kommt aus der Lautlosigkeit der Unheimlichkeit und ruft das aufgerufene Dasein als still zu werdendes in die Stille seiner selbst zurück.» M. HEIDEGGER: Sein und Zeit (1926), Tübingen [10]1963, 289, 296. – Den schweigenden Ruf jenseits des menschlichen Geredes von außen, *gegen* die Angstbetäubung, drückt das Märchen sehr treffend in der Forderung des Fuchses aus, nicht in das prächtige Wirtshaus einzukehren. – Das sprechende Tier als Wesensgewissen ist in den indogermanischen Mythen meist ein *Pferd*, wie in «Ferenand getrü und Ferenand ungetrü» (KHM 126) oder in «Die Gänsemagd» (KHM 89).

[27] Aristoteles, der alles Seiende als zusammengesetzt aus Form und Materie ansah, faßte die geistige Form als das Verwirklichende und Bestimmung Gebende (entelecheia) auf, während er die Materie als bloße Möglichkeit bestimmte; in allen Dingen erkannte er daher eine Wesensform, ein «Was-es-ist-dies-zu-sein»; «was du also bist, insofern du du bist, das ist dein Was-es-ist-dies-zu-sein». ARISTOTELES: Metaphysik 1029 b 15, übers. u. hrsg. v. F.F. Schwarz, Stuttgart (reclam 7913) 1970, 169.

[28] So in der biblischen Geschichte vom Engel Raphael, der den Sohn des blinden Tobit zu der verwunschenen Jungfrau nach Ekbatana geleitet, oder von dem Engel, der dem eingekerkerten Petrus den Weg

ins Freie weist: Apg 12,1–17. Die indianische Mythologie kennt das Engelphänomen als Kaschina; vgl. F. HETMANN: Kindergeschichten der Indianer, Frankfurt 1975, S. 118.

[29] Zu diesem Vorwurf vgl. E. DREWERMANN: Von der Unmoral der Psychotherapie – oder: von der Notwendigkeit einer Suspension des Ethischen im Religiösen, in: Arzt und Christ, Wien 1982.

[30] Das konkrete Symbol des Wirtshauses wird unterschlagen, wenn H. von Beit es einfachhin mit dem häufigen Motiv vom Kreuzweg des Lebens identifiziert: H. VON BEIT: Symbolik des Märchens, Bern 1952, 480. Es kommt hier besonders auf den äußeren Kontrast zu der bisherigen Lebenseinstellung an, auf das Zusammenbrechen der überzogenen und überangepaßten Ich-Erwartungen, das den Hintergrund zahlreicher Formen von Asozialität bildet.

[31] Vgl. C.G. JUNG: Gut und Böse in der analytischen Psychologie (1959), in: Werke X, Olten-Freiburg 1974, 497–510.

[32] Richtig sagt H. von Beit: «Das Reiten auf dem Tier ist allgemein ein Sich-Tragen-Lassen vom Unbewußten», und sie hebt besonders die Beziehung gerade des Dummlings, des dritten Sohnes, zum Fuchs hervor; H. VON BEIT: Symbolik des Märchens, Bern 1952, 480–481. Das Sich-tragen-Lassen ist im Grunde identisch mit einer Haltung innerer wie äußerer Bescheidenheit und *Demut*. Sehr zutreffend und wahr hat Ernst Wiechert gerade diese Einstellung in den Mittelpunkt seiner lesenswerten Nachdichtung «Der goldene Vogel» gestellt. E. WIECHERT: Der Vogel Niemalsmehr. Zwölf Märchen. Eine Auswahl, Frankfurt-Berlin-Wien (Ullstein 2998) 1973, 90–103.

[33] HOMER: Odyssee V 356–364; E. DREWERMANN: Strukturen des Bösen. 3 Bde., Bd. II, Paderborn [3]1981, 425.

[34] Zum Symbol der *Stadt* und des *Mittelpunktes der Welt* vgl. W. MÜLLER: Die heilige Stadt. Roma quadrata, himmlisches Jerusalem und die Mythe vom Weltnabel, Stuttgart 1961, bes. 179–195: Der Berg Zion und der Schöpfungsfelsen; zur Schloß- und Stadtsymbolik als Mandala vgl. C.G. JUNG: Über Mandalasymbolik (1938/1950), in: Werke IX 1, Olten-Freiburg 1976, 384–385; zum Begriff des Selbst vgl. E. DREWERMANN – I. NEUHAUS, Das Mädchen ohne Hände, Olten-Freiburg 1981, Anm. 17.

[35] In dieser *Einheitsgestalt von Mensch und Tier* wurde z.B. der Zentaure Chiron als Wunderarzt verehrt: K. KERÉNYI: Der göttliche Arzt. Studien über Asklepios und seine Kultstätten, Darmstadt 1975, 96–100; DERS.: Die Mythologie der Griechen, Bd. I: Die Götter und Menschheitsgeschichten, München (dtv 1345) 1966, 113–115.

[36] Das «*Schloß*» als Gegenbild eines nur vom Intellekt geprägten Bewußtseins ist in dem Anti-Märchen-Roman Franz Kafkas zum Schlüsselbild für die Not und Entfremdung unserer Zeit geworden: F. KAFKA: Das Schloß, Berlin 1935; von daher muß man einer solchen Erzählung wie der vom «Goldenen Vogel» wohl eine besondere Aktualität zuerkennen, wie es M. BUBER bei Kafkas Roman tat: Zwei Glaubensweisen (1950), in: Werke I: Schriften zur Philosophie, München 1962, 774–776.

[37] S. o. Anm. 13. Es ist niemals möglich, eine bestimmte Symboldeutung starr oder apriorisch durchzuführen; vielmehr muß man stets darauf achten, wie die einzelnen Symbole in den Märchen, Mythen und Träumen sich gegenseitig definieren und komplettieren. Das setzt allerdings voraus, daß man in der Staffelung von Vogel, Pferd und Frau eine innere Entwicklung erkennt; dies gg. W. LAIBLIN: Wachstum und Wandlung, Darmstadt 1974, 281, der hier stereotyp nur die an sich richtige Gegensätzlichkeit von Yin und Yang, männlich und weiblich, am Werke sieht. – Zur Symbolik des *Pferdes* vgl. C.G. JUNG (Hrsg.): Der Mensch und seine Symbole (1964), Olten-Freiburg 1968, 174.

[38] Das Wort *Geist* ist ursprünglich so leibhaftig und dynamisch, daß es noch im Mittelalter seinen Zusammenhang mit «Gischt» nicht verloren hat; gerade die Verdünnung des Geistbegriffs zur bloßen Intellektualität und Leibferne ist kennzeichnend für den «Geist» der Neuzeit; vgl. M. BUBER: Die Schrift und ihre Verdeutschung (1936 u. 1962), in: Werke II: Schriften zur Bibel, München 1964, 1126–1128.

[39] Zur Dialektik des An-sich-Seins bei G.W.F. Hegel vgl. E. DREWERMANN: Strukturen des Bösen. 3. Bd., Paderborn, 2. erw. Aufl. 1980, 78–83.

[40] Das Beispiel ist, wie üblich, nur der inneren Realität nach exakt wiedergegeben; die äußeren Angaben sind aus Gründen der Diskretion fingiert; es kann sich also auch um einen Zeugen Jehovas oder einen parteigebundenen Politiker o. a. handeln.

[41] Zum *Pferd* als weisendem Tier vgl. W. LAIBLIN: Wachstum und Wandlung, Darmstadt 1974, 276. – Zur Verwendung des Pferdes als Reittier durch indogermanische Völkerstämme des südlichen Rußland um 1500 v. Chr. vgl. F. TRIPPETT: The First Horsemen, New York 1974; dt.: Die ersten Reitervölker; übers. v. J. Abel; bearb. v. J. Volbeding; Hamburg (rororo life 77) 1978, 44–59. – Das Pferd als Triebsymbol ist am eindrucksvollsten dargestellt worden in dem Bild «Galoppierendes Pferd» (1902); Abb. in TH. M. MESSER: Edvard Munch, aus dem Engl. übers. v. H. Schuldt, Köln 1976, 144–145. R. MEYER: Die Weisheit der deutschen

Volksmärchen, Stuttgart 1969, 209, meint, das *goldene Pferd* verkörpere die «Seele…, wenn sie sich der Sinnesnatur entrungen hat» und sich von «Weltgedanken tragen lassen» könne; dann wäre das «Pferd» aber nur eine andere Gestalt des «Vogels» und nicht ein notwendiges Zwischenglied auf dem Weg zur «Jungfrau».

[42] S. o. Anm. 4

[43] Zum Brautraubmotiv vgl. K. KERÉNYI: Das göttliche Mädchen. Die Hauptgestalt der Mysterien von Eleusis in mythologischer und psychologischer Beleuchtung, Amsterdam-Leipzig 1941; zus. mit C. G. Jung; Albae Vigiliae, Heft VIII–IX 41; 67–68. Beispiele aus der griechischen Mythologie liefert das Schicksal der Marpessa, der Tochter des Euenos, die von Idas entführt, von ihrem Vater verfolgt und schließlich von Apollon überfallen wird und, zwischen ihrem göttlichen und menschlichen Liebhaber vor die Wahl gestellt, sich für die menschliche Liebe entscheidet: Apollodor, I 60.

[44] W. LAIBLIN: Wachstum und Wandlung, Darmstadt 1974, 266–267; zu den naturmythologischen Erscheinungsformen der anima vgl. E. JUNG: Die anima als Naturwesen (1955), in: W. Laiblin (Hrsg.): Märchenforschung und Tiefenpsychologie, Darmstadt 1975, 237–283; E. DREWERMANN – I. NEUHAUS, Das Mädchen ohne Hände, Olten-Freiburg 1981, Anm. 16.

[45] Obgleich die soziale Verteilung der Rollen von Mann und Frau durch ihre enorme Variationsbreite eine eindeutige Definition «des» *Männlichen* und *Weiblichen* beträchtlich erschwert, hat doch die Arbeitsteilung auf der Stufe der frühen Sammler und Jäger, wonach der Mann auf die Jagd geht und die Frau vorwiegend der Sammlertätigkeit und der Kinderaufzucht sowie der Sorge für Lagerstelle und Feuer nachkommt, eine für alle Menschen bestimmte Differenzierung der männlichen und weiblichen Eigenschaften mit sich gebracht; vgl. R. E. LEAKEY – R. LEWIN: Origins, London 1977; dt.: Wie der Mensch zum Menschen wurde. Neue Erkenntnisse über den Ursprung und die Zukunft des Menschen; übers. v. A. Sussdorff, Hamburg 1978, 230–237; K. J. NARR: Kulturleistungen des frühen Menschen, in: G. Altner (Hrsg.): Kreatur Mensch. Moderne Wissenschaft auf der Suche nach dem Humanum, München 1969; Neudruck: München (dtv 892) 1973, 66. Hinzu kommen bestimmte biologisch festgelegte Verhaltensweisen der Revierverteidigung, des Paarungsverhaltens etc., die auch von M. Mead etwa anerkannt wurden; M. MEAD: Male and Female; dt.: Mann und Weib. Das Verhältnis der Geschlechter in einer sich wandelnden Welt; übers. v. A. Holler; gek. Ausg. 1949;

Hamburg (rde 69–70) 1958, 148; W. WICKLER: Stammesgeschichte und Ritualisierung. Zur Entstehung tierischer und menschlicher Verhaltensmuster, München 1970; München (dtv WR 4166) 1975, 259. – Mit gewissen Einschränkungen vor allem gegenüber der rein biologisch-genetischen Sichtweise wird man wohl die Liste für brauchbar halten dürfen, in welcher der Schweizer Psychoanalytiker L. Szondi die weiblichen Moll-Strebungen den männlichen Dur-Strebungen gegenübergestellt hat:

Mollsyndrom	*Dursyndrom*
1. Forderung der Zärtlichkeit	1. Fehlen der Personenliebe; Natur- und kollektive Liebe
2. Hingabe, Demut	2. Aktivität, Aggression
3. starkes Gewissen	3. Aufstauung von Wut, Haß, Zorn und Rache
4. schamhaftes Benehmen	4. Geltungsdrang
5. Fehlen der realistischen Interessezensur	5. starke realistische Interessezensur
6. Besessenheit von Ich-idealen	6. Fehlen der geistigen Besessenheit von Ich-idealen
7. Kleben am alten Objekt	7. Erwerbungsdrang
8. Anklammerungstendenz	8. Abtrennungstendenz

L. SZONDI: Triebpathologie, I: Elemente der exakten Triebpsychologie und Triebpsychiatrie, Bern 1952, 114. Zu den psychischen Geschlechtsunterschieden vgl. auch D. E. ZIMMER: Unsere erste Natur. Die biologischen Ursprünge menschlichen Verhaltens, München 1979, 260–265.

[46] Auch insofern stellt die anima-Suche ein Problem der *zweiten* Lebenshälfte dar. So schrieb C. G. Jung: «Das, was dem jugendlichen Menschen als Regression gelten muß, nämlich die Weiblichkeit des Mannes (partielle Identität mit der Mutter) und die Männlichkeit der Frau (partielle Identität mit dem Vater), gewinnt in der zweiten Lebenshälfte eine andere Bedeutung. Die Assimilation der gegengeschlechtlichen Tendenz wird zur Aufgabe, die gelöst werden muß, um die Libido in Progression zu erhalten.» «Auf dieser Stufe bezieht sich das Muttersymbol nicht mehr rückwärts auf die Anfänge, sondern auf das Unbewußte als die schöpferische Matrix der Zukunft. Das ‹Eingehen in die Mutter› bedeutet dann: eine Beziehung zwischen dem Ich und dem Unbewußten herstellen.» C. G. JUNG: Symbole der Wandlung. Analyse des Vorspiels zu einer Schizophrenie (1912/

1952), in: Werke V, Olten-Freiburg 1973, 387. – Berühmte und sehr lesenswerte *Beispiele für die Begegnung des Mannes mit der anima* bzw. der Frau mit dem *animus* sind in der Literatur etwa S. ZWEIG: Vierundzwanzig Stunden aus dem Leben einer Frau (Die Verwirrung der Gefühle, 1927), in: Meisternovellen, Frankfurt 1970, 265–325; oder J. ROTH: Stationschef Fallmerayer, in: Die Erzählungen, Köln 1973, 100–130; oder die schöne Nachdichtung von R. SCHIRMER: Lancelot und Ginevra. Ein Liebesroman am Artushof, Zürich 1961; sowie J. BÉDIER: Der Roman von Tristan und Isolde; übers. v. R. G. Binding, Frankfurt (Insel tb. 387) 1979; H. HESSE: Der Steppenwolf (1927), Frankfurt (Suhrkamp 226) 1955, 95–109, die Episode der Begegnung Harrys mit der Dirne Marie; DERS.: Klein und Wagner (1931), in: Innen und Außen. Gesammelte Erzählungen, Bd. 4, 1919–1955; Frankfurt (Suhrkamp 413) 1977, 34–56. – Vgl. daneben C. G. JUNG (Hrsg.): Der Mensch und seine Symbole (1964), Olten-Freiburg 1968, 177–195, zu den *Gestaltungsmöglichkeiten der anima*. – Als Beispiel der *Historie* mag das bekannte Verhältnis zwischen Admiral Nelson und Lady Hamilton gelten. – Als *Film*beispiel sei an FELLINIS « 8½» erinnert, in dem ein ausgebrannter Regisseur sich in Kur von einem Mädchen an der Quelle das Wasser des Lebens reichen läßt, ehe er dahin gelangt, sich selbst innerhalb seiner eigenen Grenzen zu akzeptieren.

[47] H. VON KLEIST: Das Käthchen von Heilbronn (1808), in: H. Sembdner: Gesamtausgabe III: Dramen, 3. Teil, München (dtv) 1964, 11.

[48] A. a. O., 77.

[49] A. a. O., 80; 81.

[50] A. a. O., 44–45.

[51] A. a. O., 83; 91–92.

[52] S. o. Anm. 4; daß dieses Motiv hier *fehlt,* beweist, daß man das Märchen vom «Goldenen Vogel» *nicht* zentral von dem bekannten Motiv der Rettung der erlösungsbedürftigen Jungfrau her interpretieren kann: gg. W. LAIBLIN: Wachstum und Wandlung, Darmstadt 1974, 266; erlösungsbedürftig ist nicht eigentlich die Jungfrau, sondern der «König».

[53] Zu den religionspsychologischen Implikationen der Wiedergeburtssymbolik von Wasser und Jungfrau vgl. C. G. JUNG: Symbole der Wandlung. Analyse des Vorspiels zu einer Schizophrenie (1912/1952), in: Werke V, Olten-Freiburg 1973, 284–290. Zur Wassersymbolik vgl. E. DREWERMANN – I. NEUHAUS: Das Mädchen ohne Hände, Olten-Freiburg 1981, Anm. 30.

[54] S. o. Anm. 47, dort S. 44.

[55] Ähnlich ist es z. B. in dem verwandten Märchen vom «Wasser des Lebens» (KHM 97). Richtig deu-

tet H. von Beit den «Abschied» der Prinzessin von den Eltern als «die regressive Tendenz des Helden selber», als Verweigerung der Notwendigkeit, sich vom Unbewußten zu lösen: H. VON BEIT: Symbolik des Märchens, Bern 1952, 487. – Von der Gefahr, in der Regression steckenzubleiben, meinte C. G. Jung: «Bleibt die Libido im Wunderreich der inneren Welt hängen, so ist der Mensch für die Oberwelt zum Schatten geworden, er ist so gut wie tot oder wie schwerkrank. Gelingt es aber der Libido, sich wieder loszureißen und zur Überwelt emporzudringen, dann zeigt sich ein Wunder: die Unterweltsfahrt war ein Jungbrunnen für sie gewesen, und aus dem scheinbaren Tod erwacht neue Fruchtbarkeit.» C. G. JUNG: Symbole der Wandlung (1912/1952), in: Werke V, Olten-Freiburg 1973, 376.

[56] Zum Regressionsbegriff vgl. E. DREWERMANN – I. NEUHAUS: Das Mädchen ohne Hände, Olten-Freiburg 1981, Anm. 32; 33.

[57] Das archetypische Bild für die Regression ist das der «Sintflut»; vgl. E. DREWERMANN: Strukturen des Bösen. Paderborn ²1980, Bd. 2, 417–430.

[58] S. FREUD: Bemerkungen über die Übertragungsliebe (1915), in: Werke X, Frankfurt ¹1946, 318–319.

[59] Dichterisch gestaltet ist das Motiv von dem schlafenden bzw. erwachenden Vater in der Kurzgeschichte von F. KAFKA: Das Urteil (1913), in: Sämtliche Erzählungen; hrsg. v. P. Raabe; Frankfurt (Fischer Tb. 1078) 1970, 23–32. – Im Alten Testament spielt dieses Motiv eine große Rolle in der Erzählung von Noachs Weinrausch und Fluch: Gen 9,18–27; vgl. E. DREWERMANN: Strukturen des Bösen. Paderborn ²1980, Bd. 2, 469–476.

[60] Der Begriff des «Eltern-Ichs» ist real identisch mit dem Begriff des «Über-Ichs» bei Freud; während das Freudsche «Über-Ich» aber vorwiegend strafende Züge (aus dem Kastrationskomplex) trägt, erlaubt der Begriff des «Eltern-Ichs» die Unterscheidung in ein stützendes oder kontrollierendes Eltern-Ich; vgl. E. BERNE: What Do You Say After You Say Hello?, New York 1972; dt.: Was sagen Sie, nachdem Sie «Guten Tag» gesagt haben? Psychologie des menschlichen Verhaltens; übers. v. W. Wagmuth; München (Kindler, Geist und Psyche 2192) 1975, 111.

[61] Die Belege für die Gefahr, die dem (Schwieger-) Sohn von seiten des (Schwieger-)Vaters drohen, fand Freud bei J. G. FRAZER: The golden Bough, London ³1911, 12 Bde.; abgek. Ausg. 1922; danach dt.: Der goldene Zweig. Das Geheimnis von Glauben und Sitten der Völker; übers. v. H. v. Bauer; Leipzig 1928, 383–413; vgl. E. DREWERMANN: Strukturen des Bö-

sen. Paderborn ²1980, Bd. 2, 430–436. Daß die Inzestneigung als regressive Bewegung der Libido auch ohne die gesellschaftlich bedingten Konstellationen des Ödipuskomplexes ihre Gefahren und ihre Angst besitzt, hat vor allem C. G. Jung gezeigt; vgl. dazu an der Symbolik von Schlange und anima-Gestalt E. DREWERMANN: a. a. O., Bd. 2, 124–133.

[62] S. o. Anm. 5: Der «Berg» ist auf der Ebene des Mythos zweifellos als «Weltenberg» zu verstehen; es ist aber gleichwohl nicht richtig, dieses Motiv, wie W. Laiblin es getan hat, zum Mittelpunkt und Schlüssel auch des Märchens zu machen, wo es nur als eines unter vielen Motiven auftaucht; gg. W. LAIBLIN: Wachstum und Wandlung, Darmstadt 1974, 261–265. Der Königssohn steigt ja nicht nach Schamanenart auf den Stufen des Berges zum Himmel empor (vgl. E. DREWERMANN: Strukturen des Bösen, 2. Bd., 504–514, zur Symbolik des Himmelsaufstiegs), sondern er soll den Berg gerade zum Verschwinden bringen; der Berg ist im Märchen nicht die Weltenachse, sondern ein einfaches Symbol für das, was ganz wörtlich die «Aussicht» versperrt. Allerdings ist Laiblin darin sehr zuzustimmen, daß die Regression bis zur Welt der anima selbst an die Grenze zum Reich des Todes und der Erneuerung führt, für die auch der Weltenberg selbst an sich als Motiv stehen kann. – Zum Weltenberg der Schamanen und dem Ort des Paradieses vgl. I. LISSNER: So lebten die Völker der Urzeit (Aber Gott war da, Olten-Freiburg 1958), München (dtv 1437) 1979, 292–293.

[63] LAOTSE: Tao te king, Nr. 24; übers. v. R. Wilhelm (1910), Köln 1957, 64. Eine dichterisch und völkerkundlich gleichermaßen kostbare Szene beschreibt R. B. Hill in ihrer Indianer-Saga «Hanta Yo», als der junge Indianerschamane Ahbleza um die Gunst der Frau anhält, die er liebt; er legt alle Gewänder ab, schenkt restlos all seine Habe fort und begibt sich nackt aus der Reichweite des Lagers; seine Geliebte aber, die ihn als einen sieht, der nichts hat, «schenkte sich ihm als Ersatz für alles, was er von sich geworfen hat». R. B. HILL: Hanta Yo, New York 1979; dt. übers. v. K. H. Hansen; Hamburg 1980, 597–602. Das Vertrauen der Armut zu lernen ist gleichbedeutend damit, die Liebe zu lernen.

[64] Die Einheit von Pferd, Vogel und Frau, die auf dem Rückweg hergestellt werden muß, hat zahlreiche Bilder gefunden. In der griechischen Mythologie gibt es die Vorstellung von dem Ritt der Mondgöttin Helle, die auf dem goldenen Widder mit Phrixos durch die Luft nach Kolchis entfliehen möchte, wo Helios seine Pferde hält; R. V. RANKE-GRAVES: The Greek

Myths, 1955; dt.: Griechische Mythologie. Quellen und Deutung; übers. v. H. Seinfeld; 2 Bde.; Hamburg (rde 113–114; 115–116) 1960, Bd. 1, 204; 207. – Die indische Mythologie kennt den Ritt, den Vishnu und die schöne Göttin Lakshmi auf dem Reittier Garuda, dem König der Vögel, unternehmen; Abb. bei V. IONS: Indische Mythologie; übers. aus dem Englischen v. E. Schindel; Wiesbaden 1967, 99. – Pferd und Vogel, Mann und Frau bilden ein vierfaches Einheitssymbol von Trieb und Geist, Oben und Unten. Zur Einheit von Oben und Unten im Symbol eines Vierbeiners und eines Vogels vgl. BLACK ELK: The sacred pipe, ed. by J. E. Brown; dt.: SCHWARZER HIRSCH: Die heilige Pfeife. Das indianische Weisheitsbuch der sieben geheimen Riten; übers. v. G. Hotz; Olten-Freiburg, 2. erw. Aufl. 1978, 14–15.

[65] Zum Begriff des Selbst vgl. E. DREWERMANN – I. NEUHAUS: Das Mädchen ohne Hände, Olten-Freiburg 1981, Anm. 17. – Die gewaltsame Rückkehr deutet W. LAIBLIN als magische Flucht: Wachstum und Wandlung, Darmstadt 1974, 287; das ist insofern zutreffend, als die Selbstfindung einer Art innerer «Magie» gleichkommt; aber zur magischen Flucht gehört eigentlich, daß es einen Verfolger, einen Menschenfresser z. B., gibt, der durch rückwärts geworfene Gegenstände oder durch bestimmte Verwandlungsformen der Verfolgten aufgehalten wird, wie etwa in dem Entwicklungsmärchen von «Fundevogel» (KHM 51); gerade das aber ist im «Goldenen Vogel» nicht der Fall. Zum Begriff und Material der magischen Flucht vgl. L. FROBENIUS: Das Zeitalter des Sonnengottes, Berlin 1904, 408–411.

[66] Und sei es nur in der kuriosen, aber regelmäßigen Prahlerei mit der Anzahl der auf der Couch abgelegenen Analysestunden!

[67] L. SZONDI: Schicksalsanalyse. Wahl in Liebe, Freundschaft, Beruf, Krankheit und Tod, Basel-Stuttgart, 3. neu bearb. u. stark erw. Aufl. 1965, 338; 359–360.

[68] Schon aufgrund seiner Verwandtschaft zu den verdrängten, gedemütigten Anteilen der Psyche; s. o. Anm. 17; 18; 19.

[69] Zum Symbol der Hl. Hochzeit vgl. E. DREWERMANN – I. NEUHAUS: Das Mädchen ohne Hände, Olten-Freiburg 1981, Anm. 65.

[70] Den «Nutzen» des Ungehorsams gegen die Weisungen des «Fuchses» betonen H. VON BEIT: Symbolik des Märchens, Bern 1952, 481 und W. LAIBLIN: Wachstum und Wandlung. Zur Phänomenologie und Symbolik menschlicher Reifung, Darmstadt 1974, 293–294.

Weitere Bände der Reihe:

Das Mädchen ohne Hände

48 Seiten mit 11 Farbtafeln

Frau Holle

52 Seiten mit 8 Farbtafeln

Schneeweißchen und Rosenrot

55 Seiten mit 6 Farbtafeln

Marienkind

64 Seiten mit 8 Farbtafeln

Die Kristallkugel

64 Seiten mit 7 Farbtafeln

Die kluge Else/Rapunzel

101 Seiten mit 4 Farbtafeln und 2 Schwarzweißabbildungen

Der Trommler

82 Seiten mit 4 Farbtafeln

Walter-Verlag